Abenteuer

ESKAPADEN

AUSZEIT

AUSGLEICH

Raus mit dir!

LÄCHELN

STADT. LAND. FLUSS.

ENDLICH

FREE

ERLEBEN

FEIERABEND!

BLAU

kleine Fluchten

Wege

Lebensfreude

NATUR

GLÜCK

von Stefanie Sohr
und Volko Lienhardt

DAMPF ABLASSEN

PLAUDERN UND GENIEẞEN

HORIZONT ERWEITERN

ABENTEUER IN SICHT

LIEBE LESERIN, LIEBER LESER,

Nun ist aber mal Feierabend, heißt es an Alster und Elbe, wenn man genug von einer Sache hat. Dann ist Schluss mit der Arbeit, denn der kleine Sonntag steht vor der Tür – mit etlichen geliebten und ungeahnten Möglichkeiten. Hamburg ist ja nicht nur eine Stadt, sondern auch ein Lebensgefühl aus Wasser, Wind und Wolken; ein urbaner Erwachsenenspielplatz, ein englischgrüner Fitnesspark und kulturelles Funkeln.

Pünktlich zum klassischen Feierabend gegen 17 Uhr scheint die Sommersonne übrigens am wärmsten und in den Wintermonaten bricht eben dann die blaue Stunde an. Das hat unsere Freie und Hansestadt mal wieder fein eingerichtet.

Viel Vergnügen beim Entdecken, Erleben und Entspannen

Stefanie Volker

PS: Übersichtskarten und Infos zum Download von Tourdaten gibt's ab Seite 224.

AUSZEIT.
ABENTEUER.
LEBENSLUST.

DAMPF ABLASSEN

Alternativen zu Boxsack & Yogamatte

Dem Alltag auf verschlungenen Pfaden davonspazieren, sich selbst zum Feierabendfinale in den Mittelpunkt stellen und dabei auch noch spielend jünger werden – das Beste kommt bekanntlich zum Schluss.

ROLLING HOME

… auf der Hafenerlebnisroute

#1

Wer mit dem Rad zur Arbeit fährt, ist klar im Vorteil. Denn das erlaubt zum Feierabend einen Umweg über den Hafen. Auf der Hafenerlebnisroute schlägt der Puls in den Abendstunden deutlich ruhiger. Länge und Intensität der Tour richten sich nach Lust und Laune.

#raufaufsRad #Hafenromantik #Klugschieter&Kedelklopper

Salvador Dalis Space-Elefant ist nicht der einzige Hochkaräter am Musical-Boulevard.

Fahrräder stinken nicht. Sie machen keinen Krach und verursachen keinen Stau. Sie halten ihre Nutzer*innen fit und sorgen für Leben auf den Straßen. Es spricht also viel für die Vision von Hamburg als Fahrradstadt. Und für die eigene Radfahrerkarriere. Denn so langsam wird das Netz aus Velo- und Freizeitrouten immer dichter geknüpft. Das heißt, der Umstieg auf das Fahrrad wird immer verführerischer. Wer sich bisher dazu noch nicht entschließen mochte, kann dank wachsender StadtRad-Flotte trotzdem nach Feierabend noch eine Runde drehen. Zum Beispiel auf der Hafenerlebnisroute.

Diese Radtouren durch den Hamburger Hafen wurden von den professionellsten Hafen-Kenner*innen überhaupt erdacht – der Hamburg Port Authority (HPA). Auf 45 Kilometern ausgewiesenen Wegen schnurren die Räder über den Asphalt, oft an der Wasserkante entlang und durch unbekanntes Terrain am Südufer der Elbe. Von der Veddel über Wilhelmsburg bis nach Finkenwerder. Vom Alten

Wenn man den Feierabend mit Elphi und Michel verbringt, kann ein Sundowner im Gepäck nicht schaden.

Elbtunnel bis zum Harburger Rathaus. Ein- und Ausstieg können frei gewählt werden. Alle Startpunkte sind an die S-Bahn angeschlossen, beziehungsweise an die HADAG-Fähren im Fall von Finkenwerder.

In Finkenwerder befindet sich mit dem Kutterhafen auch die erste von insgesamt 14 ausgewiesenen Sehenswürdigkeiten. Ergänzt durch neun Aussichtspunkte verteilen sich 23 besondere Spots quer durch den Hafen. Dort liefern Infotafeln Klugschieter-Wissen zu Superlativen wie Europas größter Doppelklappbrücke, Europas größtem Containerbahnhof und einem der weltweit modernsten Containerterminals. Einer bestimmten Ordnung scheinen die Hotspots allerdings nicht zu folgen. Das merkt man schon daran, dass auf den Kutterhafen von Finkenwerder der Alte Elbtunnel folgt.

Die Hafenerlebnisroute ist nicht chronologisch aufgebaut. Vielmehr scheint sie ein wenig durcheinandergeraten. Das ist »historisch so gewachsen«. Und anders als im Büro ist das keine Umschreibung für Ungereimtheiten, sondern wirklich der Fall. Während der Hafen als Wirtschaftsstandort schrumpft, wächst seine Bedeutung als Tourismus- und Freizeitfläche. Immer mehr ehemals unzugängliche Ecken dürfen entdeckt werden. In unregelmäßigen Abständen entwickelt die HPA daher neue Tourenvorschläge und stellt sie ins Netz. Sie beginnen alle am Alten Elbtunnel. Die »Hafenzeitreise« etwa führt auf 14 Kilometern vom Alten

Alle Touren der Hafenerlebnisroute starten mit einer Fahrt durch die neue Oströhre des Alten Elbtunnels. Zurück mit der Fähre: Das ist von vielen Sehenswürdigkeiten im Hafen möglich.

Elbtunnel nach Wilhelmsburg. Ebenso lang ist die Tour »Baustile des Hafens«, die in Harburg endet. Die »Große Hafenrundfahrt« nach Finkenwerder ist mit 24 Kilometern etwas länger.

Wer nach Dienstschluss genug von Plänen hat, hangelt sich einfach auf eigene Faust von Infotafel zu Infotafel. Dort ist die Entfernung zur nächsten Sehenswürdigkeit explizit angegeben. So lässt sich jederzeit entscheiden, ob man noch einen Spot mitnimmt oder die nächste Bahn beziehungsweise Fähre ansteuert. Ergänzende Orientierungskarten geben die grobe Richtung vor. Sich mehr einzuprägen ist unnötig. Die Hafenerlebnisroute ist sehr gut ausgeschildert und auf den Seiten der Hamburg Port Authortiy zu finden.

FAZIT: »ROLLING HOME TO DEAR OLD HAMBORG« – AUF DIESER TOUR GEHEN DIE HERZEN VON BIKERN UND HANSEATEN AUF.

Hin & weg: S1, 2, 31 zu den Landungsbrücken und von dort durch den Alten Elbtunnel. Zurück mit der S31 ab Veddel, Wilhelmsburg bzw. Harburg.

Beste Zeit: An einem sonnigen Abend.

Dauer & Strecke: Flexibel. Bis zu 45 km Fahrradweg können in Etappen entdeckt werden. Gemütlich ohne Zwischenstopps etwa 12–15 km in 1 Std.

Ausrüstung: Rad, Helm, Getränk, ggf. Snack (keine Einkehrmöglichkeiten auf der Strecke).

Übrigens: Touren unter www.hafen-hamburg.de

3

JUNG-BRUNNEN

... im Treppenviertel von Blankenese

#2

*»Treppauf, treppab die Winkelgänge«, heißt es in einem Gedicht über den für viele schönsten Elbvorort. Das einst dänische Fischerdorf verzaubert nicht nur mit mediterranem Charme. Spaziergänger*innen verlassen Blankenese auch jünger, als sie es erreicht haben.*

#steilgehen #Winkelgassen #Kleingebirge #Freilufttreppenhaus

Treppensteigen ist sieben Mal anstrengender als Laufen auf der Ebene. Das haben Physiker herausgefunden. Und mindestens genauso gesund, errechneten Medizinstatistiker. Herz, Kreislauf und Muskulatur werden derart gestärkt, dass jede Treppenstufe das Leben drei bis vier Sekunden verlängert.

So verspricht der Abendspaziergang im Treppenviertel doppelten Gewinn. Zum einen erfreut die Postkartenschönheit das Gemüt. Zum anderen hat man nach 5000 Treppenstufen bis zu 20 000 Sekunden Lebenszeit gewonnen, also gut 330 Minuten beziehungsweise mehr als fünf Stunden. Schwärmerische Seelen, die sich locker zwei Stunden in dem Gewirr aus schmalen Gassen, Promenadengängen mit Elbansichten und eben Treppen, Treppen, Treppen verlieren können, werden unterdes quasi

Step by step, brick by brick, durch Winkelgassen mit Lüttwohnungen, Tweehüsern und Niedlichkeitsgärten.

drei Stunden jünger. Ein besseres Investment hat die Welt noch nicht gesehen.

Vom Blankeneser Bahnhof ist über die Blankeneser Bahnhofsstraße der Hessepark in etwa zehn Minuten erreicht. Mitten durch die Parkanlage verläuft der Friederike-Klünder-Weg. Die auch als »schöne Frau vom Berg« Bekannte hat hier im ausgehenden 18. Jahrhundert gelebt. Damals hausten unterhalb des Hesseparks noch die Ärmsten der Armen. Als die Pocken Europa heimsuchten, ließ Friederike Klünder sich zur Impfassistentin ausbilden. Impfgegner gab es damals schon, auch in der Politik. Mit viel Überzeugungskraft gelang es Friederike Klünder das Misstrauen der Bevölkerung zu zerstreuen. Am Ende rettete sie 2168 Menschen vor Entstellung oder Tod.

Am Parkausgang geht es rechter Hand einige Schritte auf Am Kiekeberg bis zum Treppengang Steiler Weg. Dort lässt sich zwischen zwei Traumhäusern hindurch das klassische Blankenese-Foto vom Süllberg schießen. Von da an spaziert man am besten ohne Plan, lässt sich treiben und verzaubern vom Heile-Welt-Charme, von romantischen Fischerkaten und stattlichen Gründerzeit-Villen, lässt sich überraschen von unerwarteten Laubengängen, einer Bank mit Elbblick, dem Treppenkrämer und Kaffeegarten Schuldt, verschwenderisch blühenden Gärten und Gärtchen oder einer Hinweistafel: »In diesem Haus komponierte im Sommer 1863 Johannes Brahms die Kantate Rinaldo.« Und wenn man sich mal verlaufen hat, hilft der Abstieg zum Strandweg. An den Bushaltestellen der Bergziege, der Linie 48, finden sich übersichtliche Pläne.

FAZIT: NIRGENDS BRINGT TREPPENSTEIGEN SO VIEL FREUDE WIE IN DIESEM IRRGARTEN FÜR DIE SINNE.

Hin & weg: S1 nach Blankenese.

Beste Zeit: Frühjahr bis Herbst.

Dauer & Strecke: 60–120 Min., 1 km bis zum Fotospot, von da so weit, wie man laufen mag.

Ausrüstung: Smartphone bzw. Kamera.

Übrigens: GPX-Download auf Seite 229.

TRIMM-DICH 2.0

… im Baakenpark in der HafenCity

#3

Muskeln auf- und Verspannungen abbauen. Ausdauer steigern oder Fett verbrennen. Fitnessgeräte können ohnehin viel. Outdoor-Parcours nehmen sogar noch die Entscheidung ab, ob man den Feierabend im Studio oder an der frischen Luft verbringen sollte.

#BondiBeachBaakenhafen #Xercise #umsonst #draußen #trimmdichfit

Künstliche Insel als Freiluft-Sportstudio: Dafür gab es 2019 den Deutschen Landschaftsarchitekturpreis.

Irgendwann, wenn erst einmal 4200 Menschen im neuen Quartier Baakenhafen leben und 2200 weitere dort arbeiten, wird der Baakenpark von Kinderlachen erfüllt sein. Schließlich haben die allerjüngsten Hansestädter den fantasievollen Parkspielplatz Treibholz selbst erdacht. Erst als die Kinder mit der Konzeption von Kletterlandschaft, Wohnzimmer-Kiste, Matsch-Kiste, Labyrinth-Kiste und anderen Spielhäusern und -geräten fertig waren, machten sich Landschaftsarchitekten daran, sie in die Gesamtgestaltung des Parks zu integrieren.

Und irgendwann werden die Bewohner des neuen Quartiers in der HafenCity auf dem verschlungenen Inselweg flanieren oder die Abendsonne auf dem Inselbalkon genießen. Touristen werden den 15 Meter hohen Himmelsberg besteigen. Studierende der nahegelegenen HafenCity-Universität werden Fußball- und Basketballturniere ausrichten, sie werden sich Wettrennen auf der 100-Meter-Bahn liefern und an den Fitnessgeräten werden sich vermutlich lange Schlangen bilden. Denn so eine Aussicht beim Krafttraining ist wahrlich selten.

Statt wie im Studio auf flimmernde Bildschirme zu starren, trainiert man im Baakenpark in doppelter Wasserlage. Die Grünanlage liegt nämlich auf einer künstlichen Insel. Das ist selbst für wasserverwöhnte Hamburger etwas Besonderes. Nicht umsonst wurde der Baakenpark 2019 mit dem Deutschen Landschaftsarchitekturpreis ausgezeichnet.

Falls der Parcours zu weit entfernt liegt, um sich gut in den Alltag integrieren zu lassen, nimmt man einfach den ums Eck. Dank sport-

lichem Masterplan (siehe auch Eskapade #7) befinden sich mittlerweile in jedem Bezirk Bewegungsinseln mit modernen Sportgeräten. Viel haben die Parcours nicht mehr mit den guten alten Trimm-dich-Pfaden aus den 1970er Jahren zu tun. Aber das Prinzip ist das Gleiche. Das Training unter freiem Himmel soll den entscheidenden Motivationskick geben.

Die Stationen zielen auf unterschiedliche Muskelgruppen ab. Body-Twister, Cross-Trainer, Power-Bike und Sky-Walker, Klimmzug-, Brust- und Dipstation trainieren den gesamten Körper. Leicht verständliche Piktogramme erklären Anfänger*innen die Handhabung. Es empfiehlt sich übrigens, die Übungen nicht bis zur völligen Erschöpfung zu wiederholen. Die Geräte sind effizient. Als Faustregel gilt: Wer am Folgetag mit Muskelkater erwacht, hat zu viel des Guten getan.

FAZIT: KOSTENFREIES FRISCHLUFT-FITNESS-CENTER IN TOPLAGE – PROBETRAINING JEDERZEIT MÖGLICH.

Hin & weg: Mit der U4 bis HafenCity Universität oder Elbbrücken.

Beste Zeit: Bei Plusgraden.

Dauer: 60 Min.

Ausrüstung: Sportzeug.

EINMAL IM MITTELPUNKT STEHEN

... St. Gertrud auf der Uhlenhorst

#4

Kollege X hat mal wieder allein die Lorbeeren für eine Teamleistung eingeheimst? Die Chefin der Nachbarabteilung kennt einen noch immer nicht beim Namen? Keiner sieht, was man leistet? Allerhöchste Eisenbahn, sich ein Beispiel an St. Gertrud zu nehmen.

Allerbeste Gesellschaft: Bevor Hannelore Glaser heiratete, holte sie hier ihre Taufe nach. Ihr Mann, Helmut Schmidt, war schon als Junge in St. Gertrud getauft und konfirmiert worden.

St. Gertrud gehört nicht zu den Hauptkirchen der Stadt und steht doch im Zentrum von allem. Irgendwo zwischen Kirche und Kuhmühlenteich soll der geografische Mittelpunkt der Stadt liegen – exakt bei 53 Grad, 34 Minuten, 8 Sekunden nördlicher Breite und 10 Grad, 1 Minute, 44 Sekunden östlicher Länge.

Da man sich auf der feinen Uhlenhorst gern hanseatisch gibt, posaunt die neogotische Schönheit natürlich nicht groß heraus, dass sie es ist, um die sich in Hamburg alles dreht. Nirgends ein Schild auf dem Kirchhof oder am Gebäude. Aber das sollte man nicht mit falscher Bescheidenheit verwechseln.

Das Selbstbewusstsein von St. Gertrud manifestiert sich an der Luther-Eiche. Der Baum wird von acht Obelisken umringt. Fünf der gotisierenden Säulen symbolisieren die althamburgischen Kirchspiele. Zwei die großen Vorstadtkirchen St. Pauli und St. Georg.

Und St. Gertrud? Hat sich ganz selbstverständlich zu den Großen dazugesellt. So muss man das machen. Seinen Platz behaupten. Sich selbst in den Mittelpunkt rücken. Und auch selbst daran glauben, dass man da hingehört. »Hier steh ich nun und kann nicht anders. Gott helfe mir. Amen.« Luthers Worte, die auf einem der Obelisken verewigt sind, kann man sich gleich mal hinter die Ohren schreiben.

Und wenn man es dann immer noch nicht fühlt? Muss man ans gegenüberliegende Ufer. Am idyllischen Mundsburger Kanal nimmt man gern den längst möglichen Umweg bis zur Alster, um dann an der anderen Kanalseite zurück zum Grundstück An der Eilenau/

Ecke Lessingstraße zu spazieren. Dort stand in der Franzosenzeit das Gartenhaus der Kaufmannsfamilie Maiboom. Der junge Clemens Maiboom traf sich hier heimlich mit Clothilde Gauthier. Er schwor der Tochter eines französischen Gesandten tiefe Liebe und ewige Treue. Zur Erinnerung an den Beginn ihrer glücklichen Liebe pflanzten die beiden im hohen Alter eine Buche.

Der Überlieferung nach gehen an der Liebesbuche geäußerte Liebeswünsche in Erfüllung. Zwar gibt es das Gerücht, dass es sich bei Clemens und Clothilde überhaupt nicht um reale Personen handelt. Möglicherweise sind sie auch bloß Romanfiguren. Aber das sollte nicht davon abhalten, einen Merkzettel an der Liebesbuche zu hinterlassen. Vielleicht: Du stehst für mich im Mittelpunkt. Nur zu Sicherheit, damit es niemand vergisst.

FAZIT: AUTOSUGGESTION MIT AUGENZWINKERN ODER EINFACH EIN FEINER ABENDSPAZIERGANG AM ALSTERKANAL.

Hin & weg: U3 bis Mundsburg oder Uhlandstraße, alternativ U1 bis Wartenau.

Beste Zeit: Ganzjährig bei blauem Himmel. Und gerade dann, wenn das neue frische Grün sprießt.

Dauer: 30–60 Min.

Ausrüstung: Zettel und Stift.

STILLE WEGE

… Ohlsdorfer Themenspaziergänge

#5

Hamburgs größte Grünanlage ist so gewaltig, dass man kaum weiß, wo man die Erkundung beginnen soll und so vielfältig, dass sich schwer entscheiden lässt, welche Jahreszeit sich am besten für diese Eskapade eignet. Frühling. Sommer. Herbst. Oder Winter?

Die Themenspaziergänge starten am Hauptgebäude. Entworfen wurde der Bau von 1911 von Wilhelm Cordes. Der erste Direktor von Ohlsdorf prägte den Parkfriedhof.

Wann ist es am schönsten in Hamburgs größter Grünanlage? An einem lauen Frühlingsabend, wenn die Natur sich des Lebens freut und die Vogelwelt in Jubelgesänge ausbricht? Im Sommer, wenn 2700 Rosen blühen und die Luft unter 30 000 zum Teil uralten Bäumen noch immer angenehm frisch ist, während im Rest der Stadt die Menschen längst unter der Hitze stöhnen?

Oder ist der Herbst die stimmungsvollste Saison auf dem Friedhof Ohlsdorf? Wenn die Farben explodieren, Laub unter den Füßen raschelt und es angenehm erdig duftet? Das muss man selber ausprobieren. Entweder einfach der Nase nach. Oder auf einem der drei Themenspaziergänge, die durch 150 Jahre Landschaftsarchitektur, Kunst und Zeitgeschichte führen. Denn neben seinem Titel als größter Parkfriedhof der Welt könnte sich Ohlsdorf auch den des lebendigsten Kulturdenkmals der Stadt ans Revers heften.

Die Themenspaziergänge eignen sich mit einer Dauer von einer beziehungsweise 1,5 Stunden prima für den Feierabend. Die rote Route trägt den Titel »Prominente, Plastiken, Parklandschaft«. Aber auch die blaue und die grüne Route passieren Begräbnisstätten bekannter Schauspieler, Dichter, Musiker, Politiker oder Wirtschaftsgrößen.

Von Inge Meysel bis Jan Fedder, von Gustav Gründgens bis Ida Ehre, von Hein Köllisch bis James Last, von Wilhelm Amsinck bis zu Hannelore und Helmut Schmidt. Die Liste ist ebenso unendlich wie die Anzahl bedeutender Bildhauer, Architekten und Steinmetze, die das Erscheinungsbild des Friedhofs prägten. Für Liebhaber*innen plastischer Kunst

ist Ohlsdorf ebenso ein Fest wie für Naturfreunde. Groß wie 566 Fußballfelder und als »Paradiesgarten auf Erden« geplant, ließ der erste Friedhofsdirektor Wilhelm Cordes den Friedhof als romantischen Landschaftsgarten anlegen. Wälder, Hügel, Wasserläufe, Teiche und geschwungene Wege waren von Anfang an dafür gedacht, dass auch die Lebenden hier Erholung finden.

Nach drei Themenspaziergängen und drei Jahreszeiten hat man noch immer nicht alles von Ohlsdorf gesehen und kann sich vielleicht auch immer noch nicht entscheiden, welche Saison die schönste ist. Dann fehlt nur noch die vierte Tour. Und für die braucht es keinen Plan, nur ein wenig Wetterglück. An einem klaren Winterabend, wenn frisch gefallener Schnee die Gräber bedeckt, ist der größte Parkfriedhof der Welt einfach unvergesslich.

FAZIT: ALLE DREI TOUREN LOHNEN SICH GLEICHERMAßEN, GENAU WIE AUCH DIE VIER JAHRESZEITEN.

Hin & weg: Mit U1, S1 oder S11 bis Ohlsdorf.

Beste Zeit: Frühling, Sommer, Herbst. Und Winter.

Dauer & Strecke: 60–90 Min. für ca. 3–6 km. Abhängig davon, wie viel man guckt.

Ausrüstung: Hier braucht es nichts weiter.

Übrigens: Die Routen gibt's als PDF unter www.friedhof-hamburg.de > Besucher > Park und Kultur > Spaziergänge

---

WALDBADEN MIT WILD-TIEREN

... im Klövensteen in Rissen

#6

Atempause auf einer Fläche von 580 Olympischen Schwimmbecken und ein Wildpark. Das ist der naturnahe Erholungswald Forst Klövensteen im Westen der Stadt. Gut erschlossen und gleichzeitig groß genug, um eine Ecke ganz für sich allein zu finden, ist er prädestiniert, ein Waldbad zu nehmen.

#Erholungswald #Achtsamkeitsübung #allessoschöngrünhier

Wildgehege, Wanderwege, Waldspielplatz. Im Forst Klövensteen findet jeder auf seine Weise zur Ruhe.

Es hat sich mittlerweile bis zur vorletzten Führungskraft herumgesprochen: Waldbaden ist eine hervorragende Stressmanagement-Methode. In Japan weiß man das schon seit den frühen 1980er-Jahren. *Shinrin yoku* (Baden im Wald) gilt dort als Bestandteil eines guten Lebensstils. Die Waldmedizin wird sogar an Universitäten gelehrt. Und bei Burn-out ist es nicht ungewöhnlich, dass Ärzt*innen eine Waldtherapie verordnen. Der bewusste Aufenthalt im Wald soll gegen Ängste, Depressionen und Wut wirken. Die ätherischen Öle, die von den Bäumen abgegeben werden, stärken das Immunsystem. Sogar gegen Krebs soll es helfen. Mittlerweile gibt es auch in Deutschland allerlei Möglichkeiten, die Kunst des Waldbadens zu erlernen. Die beste ist vielleicht, es auf eigene Faust auszuprobieren. Zum Beispiel im größten Waldgebiet Altonas, dem Forst Klövensteen.

Vom Bahnhof Rissen ist der Wald über den Sandmoorweg nach einer Viertelstunde erreicht. Und dann kann es losgehen. Im Idealfall allein oder mit einer Person, die es o.k. findet, sich nun zum Schweigen zu verabreden. Das Handy wird auf stumm geschaltet. Beim Waldbaden braucht man nämlich alle Sinne für sich beziehungsweise für die Natur. Es gilt, den Wald bewusst wahrzunehmen. Waldbaden

Über 580 Hektar erstreckt sich der Forst über die Stadtteile Rissen und Sülldorf bis nach Schleswig-Holstein.

funktioniert nicht im Stechschritt. Langsam gehen ist angesagt. Ohne den Weg zuvor zu bestimmen. Ohne Ziel. Ohne bestimmte Dauer. Allein das kann ja schon eine Herausforderung sein. Jeglichen Leistungsdruck abzulegen fällt gar nicht so leicht. Der Wald hilft aber dabei, den Moment bewusst wahrzunehmen. Man muss nur rechtzeitig innehalten. Gar nicht erst die eigene Leistungsgrenze antesten. Lieber noch ein bisschen langsamer werden, eine Rast einlegen.

Schon allein der Anblick des Waldes tut gut. Als Mischwald wartet der Klövensteen mit einer breiten Palette an Grüntönen auf. Im Frühling leuchtet er in hellen, belebenden Farben. Der Sommer macht ihn zum Schattenspender. Wenn es nur noch die kräftigsten Sonnenstrahlen durch das dichte Blätterdach schaffen und mystische Akzente auf Boden, Gräser, Blumen und Farne setzen, ist die Stimmung wie verwunschen. Zur Blattfärbung im Herbst gerät man leicht in einen Farbrausch. Und selbst im Winter ist der freie Blick in die Natur Balsam für von Bildschirmarbeit gestresste Augen. Und wie es duftet. Nach Kiefern, Fichten, Buchen, Eichen. Nach Sonne auf den Wegen oder erdig nach einem Regenfall.

Wer das alles bewusst wahrnimmt, vielleicht sogar noch tief einatmet, innehält, sich an einen Stamm lehnt oder auf einen Baumstumpf setzt, ist schon beinahe Waldbademeister*in. Richtige Profis gehen noch ein Stück weiter.

Als Erholungswald verfügt der Klövensteen über ein Wegenetz für Wanderer, Reiter und Radfahrer.

Sie streicheln Rinden, legen Mandalas aus Eicheln oder Kastanien, balancieren über Stämme, meditieren, tanken noch mehr Sauerstoff durch Übungen aus dem Yoga und Qi Gong. Doch es ist auch in Ordnung, wenn man sich dabei seltsam vorkäme. Denn die wichtigste Regel beim Waldbaden lautet: es gibt keine.

So nimmt es einem der Wald auch nicht krumm, wenn man in aller Bewusstheit wahrnimmt, dass einem der Sinn nun nach etwas anderem als Baden steht. Dann läuft man einfach dem Kinderlachen nach, beziehungsweise in den Sandmoorweg 160 und tauscht Waldbad gegen Wildschweine und Waschbären im kostenfreien Wildgehege. Für Stärkung sorgt die urige Kleine Waldschänke mit saisonalen Speisen.

FAZIT: »DER WALD STEHT STILL UND SCHWEIGET.« UND TUT GANZ NEBENBEI AUCH NOCH UNHEIMLICH GUT.

Hin & weg: Mit der S1 bis Rissen

Beste Zeit: April bis September.

Dauer & Strecke: 1–3 Std. Direkter Weg zum Wildgehege 2 km, mit Badespaß länger.

Ausrüstung: Waldbadezeug im Lagenlook – feste Schuhe, lange Hosen und Oberteile, Kopfbedeckung.

SPORT OHNE GRENZEN

… in der ganzen Stadt

#7 *In den Sommermonaten verwandelt sich die Stadt seit einigen Jahren zum überdimensionalen Spielfeld für Ballsport, Tanzsport, Kampfsport, Wassersport, Laufsport, Fitness und so weiter – überall, jederzeit, für alle, meist draußen und immer umsonst.*

#reinindieSportschuhe #runtermitdenPfunden #raufaufsWasser

Active City Summer nennt sich das kostenfreie und fulminante Sportangebot der Stadt Hamburg.

Manche Kinder rauben ihren Eltern den letzten Nerv. Jede Woche begeistern sie sich für ein neues Hobby. Ständig wollen sie etwas anderes ausprobieren. Heute Skateboard, morgen Kanu und übermorgen bitte, bitte, bitte ein Parcours-Kurs. Aber das geht nun wirklich nicht. Oder vielleicht doch?

Ginge es nach dem Hamburger Senat würde sich jede Hamburgerin und jeder Hamburger ein Beispiel an den lieben Kleinen nehmen. Seit einigen Sommern lädt die Stadt daher alle Interessierten ein, die kindliche Freude am Ausprobieren wiederzufinden. Aktiv zu werden. Sich auf die Suche zu machen nach dem Sport, der zu einem passt. Denn Sport verbindet, macht stark, bringt Spaß und hilft gegen allerlei Zivilisationskrankheiten von Rückenproblemen bis zum Burn-out.

Die meisten Menschen laufen gegen 18 Uhr zur körperlichen Hochform auf. Etwa zum Feierabend also. Sportlich gesehen, ist man dann nicht nur besonders leistungsfähig. Man hat ihn auch besonders nötig. Denn die meisten Menschen sind bei der Arbeit permanentem Stress ausgesetzt. Dabei geht es nicht einmal um außergewöhnliche Hektik oder Spitzenan-

Yoga in der HafenCity, Zirkeltraining im Stadtpark, Segeln auf der Alster.

strengungen. Es sind die üblichen vielen kleinen Drucksituationen, die engen Termine, das ständige Telefonklingeln oder Konflikte. Dafür braucht es ein Ventil. Sonst kocht man über.

Stress und Sport sind sich bis zu einem gewissen Punkt gar nicht so unähnlich. Sie wirken wie Doping. Die Muskeln spannen sich an, der Körper richtet sich auf, der Geist fokussiert sich. Während Stress aber nur als Ausnahmezustand positiv wirkt, wird Sport mit der Regelmäßigkeit immer besser. In der richtigen Dosierung fühlt Bewegung sich wie ein leichter Opiumrausch an. Um das sogenannte Runner's High zu erleben, darf man sich aber nicht zu sehr verausgaben. Die Endorphine tanzen besonders ausgelassen, wenn man einen kleinen Tick über die Belastungsgrenze geht. Ein bis zwei Stunden Sport bringen optimale Entspannung. Ein bis zwei Mal die Woche aktiv sein – dazu will der Hamburg Active City Summer motivieren.

Seit 2018 wird die ganze Stadt für neunzig Tage zum sportlichen Versuchsfeld. Unterstützt von Sportvereinen und anderen Institutionen können Hamburger*innen einen ganzen Sommer lang sporteln, meist draußen, in allen Bezirken und rund um die Uhr. Der Active City Summer ist eines von 26 Projekten der Bewegungsinitiative Active City. Dafür gehörte Hamburg gemeinsam mit Buenos Aires (Argentinien), Lillehammer (Norwegen), Liverpool (England), Ljubljana (Slowenien) und Richmond (Kanada) zu den ersten Städten auf der Welt, die sich offiziell den Titel »Global Active City« ans Revers heften durften.

Von Cricket bis Crossminton. Von Kampfsport bis Qigong. Von Frühgymnastik im Park um die

Ecke bis zum Orientierungslauf in der Dämmerung des Niendorfer Geheges – das Angebot ist beinahe unüberschaubar. Allein die Locations sind es vielfach schon wert, den inneren Schweinehund zu überwinden. Die Active-City-Flagge flattert vorm altehrwürdigen Ruder-Club Favorite-Hammonia am Alsterufer genauso wie über der Halle im Parkour Creation Center im trendigen Oberhafen. Das Poseidon Freibad in Stellingen macht ebenso mit wie der Drachenbootstützpunkt am Eichbaumsee.

Wer ab dem 1. Juli jeden Tag eine neue Sportart ausprobiert, hat am 30. September noch immer nicht alle Angebote wahrgenommen. Wer gleich zu Beginn des Active City Summer den perfekten Kurs findet, ist besonders gut dran. Dann ist die neue Gewohnheit längst etabliert, wenn die Tage kürzer werden. Und nichts hilft so effektiv gegen Herbst-Blues wie Sport.

FAZIT: DAUERLAUF GEGEN DAUERSTRESS UND 99 ANDERE DINGE FÜR EINEN AKTIVEN FEIERABEND.

Hin & weg: Programm und weitere Infos unter www.activecitysummer.de

Beste Zeit: 1. Juli bis 30. September.

Dauer: 45–120 Min.

Ausrüstung: Sportoutfit.

WER GLÜCK SÄT, …

… im Hayns Park in Eppendorf

#8

Gärtnern macht gesund und glücklich. Nicht nur einen selbst, sondern auch die Umwelt. Wer keinen eigenen Garten oder Balkon besitzt, hat die besten Voraussetzungen. Denn dann kann die ganze Stadt als Ausgangspunkt für ein besseres Leben dienen.

#Kulturpflanzen #BlumenstattBeton #reclaimyourGarden

Bunt knallt ins Grau einstmals öder Ecken. Pflanzen und Moose verpassen Bunkern einen grünen Anstrich. Brachflächen verwandeln sich in Gemüsefelder, Verkehrsinseln in Bienenparadiese und Miniatur-Parks säumen Straßenränder.

Urban Gardening wurde so lange als hipper Trend gehandelt, dass man beinahe nicht gemerkt hat, wie nachhaltig und vielfältig die Graswurzelbewegung das Stadtbild und die Nachbarschaftskultur bereits verändert hat. Inzwischen gibt es keinen Bezirk mehr ohne Gemeinschaftsgarten. Keinen Stadtteil ohne Kontrapunkt gegen städtische Tristesse. Kein Viertel ohne Initiative für die Rückkehr der Natur in die Stadt. Längst haben auch die zuständigen Ämter Wind davon bekommen und mit Beetpatenschaften für ungenutzte Flächen reagiert.

Auf offizielle Erlaubnis verzichtet die Guerilla-Fraktion dankend. Dieser Zweig des städtischen Gärtnerns versteht sich als Protest gegen Umweltzerstörung und Kritik an politischen wie sozialen Missverhältnissen. Anderen Gruppen geht es mehr darum, den öffentlichen Raum zu verschönern, Insekten Lebensraum zu verschaffen und Kindern Naturerlebnisse. Es geht um bessere Luft, Bewegung im Freien, den Erhalt alter Pflanzen- und Blumensorten. Oder einfach um das Gefühl, mit den eigenen Händen etwas Gutes zu tun und wenn schon nicht die ganze Welt, dann doch jedenfalls das eigene Quartier ein bisschen besser zu machen. Helfende Hände sind darum auch willkommen. Gemeinschaft und Austausch gehören beim urbanen Gärtnern nämlich dazu. Wer einsteigen will, findet unter den vielfältigen Projekten garantiert eins, das genau zu den eigenen Gedanken passt. Und

Links: 2019 avancierte der hundertjährige Monopteros zum Kunst-Tempel, gestaltet von Björn Holzweg.

wer fürchtet, über keinen grünen Daumen zu verfügen, dafür aber über zwei linke Hände, darf beruhigt sein. Gärtnern ist wie Englisch oder Kochen. Mit einigen Basics stellen sich erstaunlich schnell erste Erfolge ein. Nur die Vervollkommnung – die dauert dann ein Leben lang. Einen guten Überblick über die unterschiedlichen Projekte verschafft die Seite www.gruenanteil.net und ein anschließender Vor-Ort-Termin beim Idyll der Wahl.

Zum Beispiel im Eppendorfer Hayns Park. Dort werden bereits seit 2003 »Kleine Paradiese an der Meenkwiese« ehrenamtlich gehegt und gepflegt. Sie ziehen sich entlang der Backsteinmauern, die den Parkbereich zur Alster abgrenzen. Bis zu 60 Jahre alte Säuleneichen teilen den Randbereich in viele drei bis vier Meter breite Gärten. In einem Abschnitt blüht es üppig, im nächsten wachsen Kunstwerke aus der Erde und der folgende könnte Unterstützung vertragen. Beim Säen und Jäten, beim Bewässern oder auch in Form einer Spende. So steht es auf der Infotafel schräg gegenüber von Barmeiers Garten Café. Und eben dort steht auch die Spendenbox. Je nach Wetter lässt sich hier bei einem Heiß- oder Kaltgetränk in Ruhe nachspüren, ob man den individuell optimalen Garten vielleicht gefunden hat. Falls nicht, war der Ausflug über die steinernen Brücken, vorbei am zauberhaften Monopteros zu den kleinen Paradiesen trotzdem ein Glücksfall.

FAZIT: OB SELBER BUDDELN ODER BLOß BEWUNDERN – URBANE GÄRTEN BEGLÜCKEN DIE SINNE.

Hin & weg: U1 oder U3 bis Kellinghusenstraße.

Beste Zeit: Mitte März bis Anfang Oktober.

Dauer & Strecke: 60 Min., je 1 km von und zur Bahn und 1 km im Park.

Ausrüstung: Seedbombs zur Verschönerung des Heimwegs.

DIE WÄNDE HOCHGEHEN

... in Wilhelmsburg

#9

Sich freiklettern. Probleme lösen. In Balance kommen. Es gibt viele Gründe, warum manche Menschen Klettern für den schönsten Sport der Welt halten. Und sie sehen tatsächlich auch verdammt gut aus – die Nordwandhalle und der HanseRock im Inselpark.

#Hollarödulliöh #Kletterallianzen #derNordenrockt

Ganzkörperworkout, Denksportaufgabe und außerdem noch eine gute Gelegenheit, neue Leute kennzulernen: Klettern gibt Antworten auf fast alles.

Kraxeln gehört eher nicht zum aktiven Wortschatz in Norddeutschland. Und Lederhosen verzeiht man höchstens Udo Lindenberg. Doch man sollte sich trotzdem mal ein Bild davon machen, wie man sich im Süden fit für den Alltag hält. Oder vielmehr im Südosten. In Wilhelmsburg nämlich, wo an der Nordwandhalle und dem benachbarten HanseRock gleich alles ausprobiert werden kann, was künstliche Kletteranlagen so zu bieten haben. Sie sind alles andere als billiger Ersatz für echte Berge, sondern ausgeklügelte Trainingsflächen, die Einsteiger*innen genauso viel Spaß bringen, wie sie Profis Herausforderung bieten.

Wenn es um Spaß geht, ist Amerika eine gute Adresse. So heißt der leichteste Parcours von insgesamt fünf im Hochseilgarten HanseRock. Der schwierigste führt nach Australien. Dazwischen liegen Europa, Asien und Afrika sowie 39 fantasievolle Kletteraufgaben, zehn Höhenmeter und 352 Meter Seilrutschen. Für Einzelpersonen sind drei Stunden Kletterspaß nicht ganz billig. Für Gruppen wird's günstiger. Vielleicht etwas für den nächsten Betriebsausflug?

Die Boomsportart Bouldern kann man nebenan in der Nordwandhalle ausprobieren. Indoor wie outdoor klettert man ohne Seil oder Gurt in niedrigen Höhen bis maximal 4,50 Meter an künstlichen Felsen mit bunten Griffen. Weiche Matten am Boden sorgen für Sicherheit. Alles DIN-genormt und erprobt, aber garantiert nicht langweilig. Ziel ist, den höchsten, den Top-Griff zu erreichen.

Der Weg dorthin wird Problem genannt. Es zu lösen, erfordert eine gewisse Klettertechnik, ein gutes Körperfühl und etwas Grips können auch nicht schaden. Im Prinzip könnte man

sich Bouldern selbst beibringen. Expertentipps ermöglichen allerdings schneller erste Erfolge. Regelmäßig finden daher Termine zum Reinschnuppern statt.

Echte Gipfelerlebnisse verspricht das Seilklettern. Bis zu 16 Meter hoch sind die Wände, an denen die Kletterer sich wie Spiderman von Griff zu Griff hangeln. Dafür braucht es etwas mehr Fachwissen und Ausrüstung als beim Bouldern, vor allem einen Hüftgurt, an dem ein Seil befestigt wird.

Außerdem ist ein Einsteigerkurs Voraussetzung, um am Freien Klettern teilzunehmen. Schnupperstunden gibt's aber auch hier. Allerdings sind diese nicht kostenlos wie beim Bouldern. Im Preis ist neben 1,5 Stunden fachkundiger Anleitung auch die Verleihgebühr für die Ausrüstung enthalten.

FAZIT: ALLEIN, MIT FREUNDEN, MIT KINDERN, MIT 20 ODER MIT 91… KLETTERN KANN WIRKLICH JEDER.

Hin & weg: S3 oder S31 bis Wilhelmsburg.

Beste Zeit: HanseRock Mai bis Oktober, Nordwandhalle ganzjährig. Mehr Infos, Öffnungszeiten, Preise und Schnuppertermine unter www.hanserock.de und www.nordwandhalle.de

Dauer: 2–3 Std.

Ausrüstung: Joggingklamotten reichen für den Anfang.

ZWEIT-KARRIERE

... Expedition ins Flottbektal

#10

Wikipedia nennt Naturkunde eine »dilettantische Laien-Beschäftigung mit der Natur, wie sie etwa Goethe ausübte«. Und tatsächlich verwandelt ein Streifzug durch Hamburgs kleinstes Naturschutzgebiet selbst Pfeffersäcke in schwärmerische Poeten.

#Biotop #ExkursioninsAbendrot #Miniwanderung

Das Flottbektal im Jenischpark ist das kleinste Naturschutzgebiet der Stadt. Und bezaubernd schön.

Eine Zweitkarriere als Naturkundler*in ist in Hamburg beinahe schon selbstverständlich und eine lebenslange Berufung nicht ausgeschlossen. Die Stadt gehört zu den Top Ten der grünsten Metropolen weltweit. Sie besteht beinahe zur Hälfte aus Grün-, Acker- und Weideflächen, Wäldern, Kleingärten und Parkanlagen. Gut neun Prozent der Stadt stehen sogar unter Naturschutz. Da kann kein anderes Bundesland auch nur annähernd mithalten. Es könnte eine Weile dauern, alle 36 Naturschutzgebiete zu erforschen. Das kleinste kriegt man aber spielend zwischen Geschäftsschluss und Abendbrot erkundet. Eingebettet in den Jenischpark liegt das Flottbektal, die letzte von der Tide beeinflusste Talaue von Hamburg. Für grobere Seelen handelt es sich um eine sieben Hektar große Wieselandschaft mit Bach, dessen Wasserstand von Ebbe oder Flut abhängig ist. Naturkundler*innen sehen im Naturschutzgebiet Flottbektal die perfekte Symbiose von Natur und Kultur.

Ideal ist die Anreise mit der S-Bahn. Dann gerät man schon am Bahnhof in die Heile-Welt-Stimmung, die der gediegenen Gemarkung Klein Flottbek im Stadtteil Groß Flottbek zu eigen ist. Hier fühlt man sich beinahe wie auf dem Land, irgendwo in der Nähe von Downton Abbey. Damit man gar nicht erst vom Jenisch-

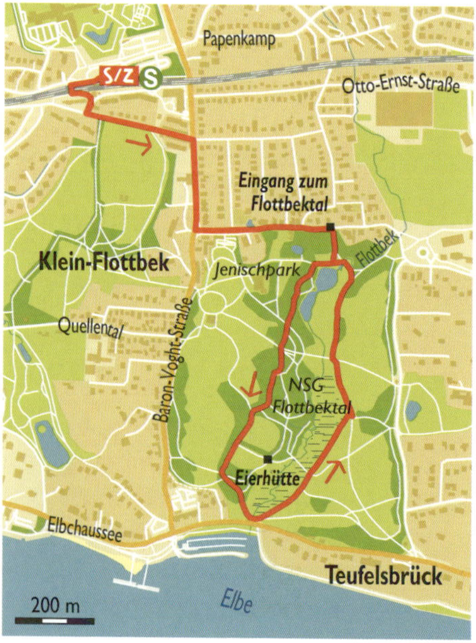

park auf Abwege geführt wird, nimmt man den Eingang am Hochrad. Er führt nicht nur direkt ins Naturschutzgebiet, sondern auch in die Seelenruhe. Die namensgebende Flottbek begrüßt als idyllische Teichlandschaft, bei der es sich eigentlich um ein Rückhaltebecken des kleinen Flüsschens handelt. Ob man ihm gegen oder im Uhrzeigersinn zur Elbe folgt, ist egal. Hauptsache man hält sich so nah am Ufer wie möglich.

Das Naturschutzgebiet ist wirklich winzig. Und doch von unterschiedlichen Vegetationszonen geprägt. Im Westen schirmen bis zu zehn Meter hohe bewaldete Hänge das Flottbektal vom Jenischpark ab. Auf der anderen Uferseite bilden Tal und Park eine Bilderbuchlandschaft. Im Norden wachsen Erlen, Eschen und Buchen. Je weiter es nach Süden geht, desto

Links: Die Eierhütte ist eine Replik der historischen Mooshütte. Rechts unten: Still wie ein See, das Rückhaltebecken der Flottbek.

stärker ist das Flottbektal den Gezeiten ausgesetzt. Bei Sturmfluten stehen weite Teile des Tals unter Wasser. Das lässt man an der Hamburger Elbe beinahe nirgends sonst zu und es macht das Tal zu einem besonders wertvollen Lebensraum für bedrohte Pflanzen- und Tierarten. Kopfweiden, bis zu 80 Jahre alt und teilweise längst umgestürzt, bilden umtriebig ein undurchdringliches Rückzugsgebiet für Insekten, Vögel und Fledermäuse.

Die Lage des Naturschutzgebietes innerhalb eines Gartendenkmals ist nicht ganz unproblematisch. Naturschützer und Parkpfleger haben unterschiedliche Prioritäten. Wenn die eine Partei für Naturwald plädiert und die andere historische Parkansichten erhalten möchte, gibt es kein absolut richtig und kein absolut falsch. Nur sorgsam erarbeitete Kompromisse.

Ein Beispiel ist die beliebte Eierhütte gleich bei der dicken Eiche im südlichen Bereich. Der Nachbau der historischen Mooshütte des Baron von Voght hätte in einem Naturschutzgebiet eigentlich gar nicht gebaut werden dürfen. Unter dilettantischen Laien-Naturforscher*innen erfreut sie sich aber einer großen Beliebtheit. »Amicis et qvieti« lautet die Widmung in ihrem Giebel. Den Freunden und der Ruhe geweiht.

Nur manchmal, wenn der Verkehr auf der Elbchaussee gar zu sehr dröhnt oder ein Airbus haarscharf über die Villen donnert, wünscht man sich und der Natur mehr Raum. Viel mehr Raum. Das weckt Lust auf eines der größeren Naturschutzgebiete. Am nächsten freien Feierabend dann.

FAZIT: UM SICH AUF DAS ZAUBERHAFTE FLOTTBEKTAL WIRKLICH EINZULASSEN, KOMMT MAN AM BESTEN ALLEIN.

Hin & weg: Mit der S1 oder S 11 zum Bahnhof Klein Flottbek.

Beste Zeit: Immer. Im Sommer lockt das Grün besonders.

Dauer & Strecke: 1 Std. für 3 km.

Ausrüstung: Die richtigen Schuhe! Bei Nässe kann es matschig werden.

Übrigens: GPX-Download auf Seite 229.

ZAUBER DER GERUH-SAMKEIT

... auf der Alster

#11

Tretboote sind für Tage gemacht, an denen man genug geleistet hat und niemanden mehr beeindrucken möchte. Einfach nur sich treiben lassen auf dem größten Sonnendeck der Stadt oder von der Bildoberfläche verschwinden in den Dschungel der Alsterkanäle.

#immerschönsutsche #sanfterWassertourismus #HamburgFloatingCity

164 Hektar Abendsonne und da ist die Binnenalster noch gar nicht eingerechnet.

Tretbootfahren ist wie Minigolfspielen. Beinahe jeder und jede hat es schon einmal gemacht und kann sich noch erinnern. Als Highlights in langen, warmen Sommern. Zusammen mit Freund*innen, Geschwistern oder den Großeltern. Bis man rausgewachsen war aus dem Paradies der unspektakulären Vergnügungen und sich dem Höher, Weiter, Schneller zuwandte. Beziehungsweise einer Freizeitbeschäftigung mit weniger piefigem Image.

Tretbootfahren gilt weder als übermäßig sportlich noch besonders trendy. Im Tretboot kann man keine *bella figura* machen, keine Yoga-Übungen, waghalsige Wenden oder sonstige krasse *moves*. Es macht keinen Sinn, sich mit anderen Tretbootfahrern zu messen.

Tretboote sind so konzipiert, dass sie maximal Schrittgeschwindigkeit fahren. Mal abgesehen von Regattatretbooten. Aber die findet man nicht auf der Alster. Auf der Alster findet man die Klassiker. Tretboote, die so aussehen wie die Kinderzeichnung eines Motorbootes. Bei ihnen sitzt das Schaufelrad hinten. Und Tretboote mit dem Schaufelrad vorn. Aber das spielt für die Performance keine weitere Rolle. Überhaupt spielt wenig eine Rolle, sobald man es vom Steg ins Boot geschafft hat.

Ein Tretboot in Seenot? Das gibt es im Grunde nicht. Tretboote sind unkippbar. Sie haben keine Paddel, die ins Wasser plumpsen könnten. Sie sind leicht zu steuern. Sie bieten Platz für zwei, vier oder sogar fünf Personen und genügend Abstellfläche für den Picknickkorb und/oder die Kühltasche mit Getränken. Im Tretboot kann man sich einander zuwenden und selbst während der Fahrt die Plätze wechseln, ohne dass das Boot groß

ins Schwanken gerät. Selbst einschlummern könnte man auf dem Tretboot. Das kann allerdings teuer werden.

Über fünfzig Bootsverleiher befinden sich im Bereich der Binnen- und Außenalster. Obwohl Tretboote wenig Unterscheidungsmerkmale aufweisen, ist die Preisspanne beachtlich. Als Faustregel gilt: je näher am Atlantic, desto hochpreisiger.

Die günstige, größte Bootsvermietung Dornheim sitzt allerdings auch zwei Kilometer von der Außenalster entfernt, an der Grenze zwischen Winterhude und Barmbek. Dafür gehört eine Wasserstraßenkarte zum Service dazu. So findet man ganz schnell den Weg über den Langen Zug zur Bellevue. Oder vielmehr langsam, gemächlich, in aller Seelenruhe zum Wiegentakt der Alsterwellen.

FAZIT: DIE ALSTER FUNKELT, DIE SONNE WÄRMT, DER WIND WEHT SACHT. UND DIE SEELE BAUMELT.

Hin & weg: Zu Fuß oder mit dem Stadtrad (stadtrad.hamburg.de). Weitere Infos zu Preisen und Vermietung der Boote online, z. B. bei www.bootsvermietung-dornheim.de

Beste Zeit: Mai bis September.

Dauer: 60 Min.

Ausrüstung: Picknickkorb und Sonnenschutz.

DIE FARBEN DER SAISON

... in der Fischbeker Heide

#12

Die Fischbeker Heide im Stadtteil Neugraben ist zu jeder Jahreszeit eine Wanderung wert. Zur Hochform läuft die Naturschönheit aber im Spätsommer auf. Zugegeben es wird voll, wenn die Heide blüht. Trotzdem sollte man gerade dann loswandern.

#dieFarbeLila #Heideromantik #Wanderlust #strahlendesUltraviolett

Die Bienen hängen Zweig um Zweig
Sich an der Edelheide Glöckchen.
(Theodor Storm)

Am intensivsten leuchtet die Fischbecker Heide an Spätsommernachmittagen bei Sonnenschein. Dann tummeln sich in der hügeligen Kulturlandschaft im äußersten Südwesten der Stadt Wanderer, Mountainbiker, Reiter, Querfeldein-Jogger und Fotografen. Ruhesuchende könnten sich auf den ersten Schritten in die ruhigeren Monate wünschen. Um etwa allein durchs Frühjahrsgrün zu streifen, in einsamen Sommernächten bei Vollmond zu wandern, durch den stillen Herbstwald oder wenn Schnee die Landschaft bedeckt. Das ist auch wirklich empfehlenswert. Doch man muss die Heide auch einmal zur Hochzeit erlebt haben, wenn sie ihren besonderen Zauber entfaltet. Nicht umsonst ist sie ein Touristenmagnet. Das hat sie mit anderen Publikumslieblingen an Hamburgs Grenzen

Sandige Reitwege führen durch das Naturschutzgebiet Fischbeker Heide.

gemeinsam, für die sich ebenfalls ein Kalendereintrag lohnt:

Februar/März
Farblos und kalt ist der Winter, bis die Trompetenrufe der Kraniche Scharen von Schaulustigen in den Duvenstedter Brook locken.

April/ Mai
Blütenweiß bis Zartrosa trägt man im Frühling im Alten Land. Ende April bis zehn Tage in den Mai dauert die Kirschblüte laut Bauernregel. Die Apfelblüte etwas länger.

Juni
Mit Erdbeerrot kennen sich Schleswig-Holsteiner aus. Sie bringen es auf den höchsten Erdbeeren-pro-Kopf-Verbrauch in Deutschland. Selber pflücken kann man etwa auf Gut Wulksfelde (www.gut-wulksfelde.de) in Tangstedt.

Juli
Dunkelrote Kirschen läuten den Hamburger Sommer ein – in den Vier- und Marschlanden oder im Alten Land. Die dortigen Apfeltage dauern von August bis Ende Oktober.

August/September
Laut Faustregel blüht die Heide vom 8.8. bis 9.9. Der Blütenstand der einzelnen Flächen unterscheidet sich aber erheblich (Heideblüten-Barometer unter www.lueneburger-heide.de).

Oktober
Schwarz-weiße Nonnengänse verwandeln die Wedeler Elbmarschen in Schachbretter, wenn sie in riesigen Schwärmen gegen Abend in Wedel einfliegen. Mehr unter www.nabu.de

Für alle Termine gilt: Es kann eng werden. Vor allem am Wochenende. An einem ganz

Die Heide duftet nach langen Sommertagen.

gewöhnlichen Feierabend ist es besser. Wer wandert, ist ohnehin klar im Vorteil und der Meute rasch enteilt. In der Fischbeker Heide funktioniert das auf verschiedenen Wanderwegen. Sie sind schon an der S-Bahnstation ausgeschildert. Die ausgewiesenen Kilometer zählen aber erst ab dem Wanderparkplatz am Scharlberg. Von hier führt beispielsweise der W6, markiert mit einem gelben Pfeil in schwarzer Umrandung, auf überwiegend unbefestigten Sandwegen und Pfaden durch traumschöne Heideflächen, Waldgebiete und -wiesen. Immer wieder schlängelt sich der Weg steile Kuppen und Hänge hinauf. Von dort könnte man bis nach Blankenese sehen. Doch ausnahmsweise interessiert das kaum. Zu sehr zieht die zartlila Heide ihre Betrachter in den Bann. Dass das auch andere erleben wollen? Ist doch selbstverständlich und stört gar nicht mehr.

FAZIT: TEILS SO SCHÖN, DASS DIE SPUCKE WEGBLEIBT. TEILS SO STEIL, DASS DIE PUSTE AUSGEHT.

Hin & weg: Mit der S3 bis Fischbek.

Beste Zeit: Ende August/Anfang September.

Dauer & Strecke: 2–3 Stunden für 8 km + 2 von/zur Bahn.

Ausrüstung: Wanderoutfit, Verpflegung.

90
PLANETARIUM
360°
Hamburg
auf unserer
Aussichts-
plattform
#meinPlanetarium

DEM HIMMEL SO NAH

… im Planetarium in Winterhude

#13

Hamburger wissen schon seit 90 Jahren, was sie an ihrem Sternentheater haben. Seit 2020 gibt es nun noch einen Grund mehr, dem Planetarium einen Besuch abzustatten. Die Aussichtsplattform wurde renoviert und lockt mit Rundblick über die Stadt.

#Vogelperspektive #Treppentraining #AstronautenKosmonauten

Nur wenige Ziele bringen schon im Anmarsch so viel Spaß wie das Planetarium im Hamburger Stadtpark. Von der U-Bahn-Station Borgweg sind es nur wenige Schritte bis zur Trinkhalle, die den ehemaligen Kurgarten zur Straße abschirmt. Gleich dahinter ist das Planetarium bereits ausgeschildert. Es sind nur 500 Meter. Doch die Luft unter den Baumriesen im Sierichschen Gehölz schmeckt so viel frischer als im Rest der Stadt, dass man gern auch einen Umweg einlegt.

In diesem Teil des Parks kann man sich noch am ehesten vorstellen, dass das kleine Bauerndorf Winterhude erst Mitte des 19. Jahrhunderts erschlossen wurde. Damals teilten ein Herr Gertig und ein Herr Sierich den Löwenanteil der Einöde quasi unter sich auf. Herr Gertig schnappte sich den Süden. Herr Sierich den Norden. Dort unterhielt er unter anderem einen Privatforst, den er um die Jahrhundertwende an die Stadt verkaufte. Dieser bildete den Grundstock für den Stadtpark.

Einige Jahre darauf wurde ein Ideenwettbewerb für drei neue Wassertürme in Hamburg ausgeschrieben. Für Winterhude gewann Oskar Menzel aus Dresden mit dem Entwurf eines kolossalen Monuments. Bis zum Baubeginn vergingen fünf Jahre und noch einmal vier bis zur Inbetriebnahme. Das ist vielleicht gar nicht so ungewöhnlich bei Großprojekten. Nur scheint es nicht recht wirtschaftlich. Der Wasserturm wurde lediglich acht Jahre genutzt, dann war er technisch überholt. Nun war er aber mal da. Ganz im Gegensatz zu einem Planetarium, für das es zwar Pläne, aber kein Geld gab. So kam Oberbaudirektor Fritz Schuhmacher auf den genialen Geistesblitz, den Wasserturm »einfach« umzunutzen. Das

Links: 42 Meter über dem Stadtpark bietet die Aussichtsplattform einen fantastischen Rundumblick. Rechts: Das Universum lässt sich im Foyer bestaunen.

war zwar auch nicht ganz billig, doch wenigstens die Aussichtsplattform musste nicht neu konzipiert werden. Menzel hatte schon eine in den Wasserturm integriert.

In den folgenden 80 Jahren gab es immer wieder Gründe, einen Weltkrieg etwa oder den Zahn der Zeit, die umfangreiche Umbauten nötig machten. Zuletzt 2015 bis 2017, als der Sockel umgestaltet wurde. Seitdem sind die Bänke vor den Wasserkaskaden noch herrlicher in die Parklandschaft eingebettet und das Planetarium barrierefrei. Einige Zeit fehlte aber noch das i-Tüpfelchen: Seit September 2020 saust endlich auch ein Fahrstuhl ganz nach oben zur Aussichtsplattform. Wer sich für den Aufstieg in den neunten Stock entscheidet, bekommt das historische Treppenhaus zu sehen. Bei der ersten Renovierung seit Urzeiten wurden die Geschosse nach den Wandelsternen des Sonnensystems benannt. Und mit jedem Planeten wird die Aussicht besser. Am tollsten natürlich auf der Plattform und dem umlaufenden Gang in 42 Meter Höhe. Der Wind saust einem hier ganz schön um die Ohren. Der 360-Grad-Ausblick hat viel weniger vertraute, dafür neue Bilder zu bieten als all die Aussichtsplattformen in der City und im Hafen. Zwar ist der Eintritt seit der Renovierung nicht mehr kostenlos, dafür ist der Besuch einer kleinen Ausstellung im 1. Rang des Foyers enthalten. Die macht Lust auf einen Besuch im Sternentheater selbst. Nächstes Mal dann.

FAZIT: EIN KURZER WALDSPAZIERGANG, EIN KNACKIGER AUFSTIEG, DANN GROßES PANORAMA-SPEKTAKEL.

Hin & weg: U3 bis Borgweg.

Beste Zeit: Indian Summer.

Dauer: 45 Min.

Ausrüstung: Geld für den günstigen Eintritt.

Übrigens: GPX-Download auf Seite 229.

AUF GRÜNEN UMWEGEN

... von der Schanze nach Altona

#14

Zwischen der roten und der neuen Flora liegen wenige Schritte. Oder eine lange Wanderung – durch die grüne Flora, durch bekannte Parks und unbekannte, durch große und kleine, wunderbare und weniger beeindruckende, aber fast ausnahmslos durchs Grüne.

#StreifzugimGrünzug #Großstadtoasen #PflanzenundBlumen

Wind in den Bäumen und Wasserspiele, sonnige Wiesen und schattige Pfade. Feierabendflanieren macht glücklich.

Steht einem der Sinn mehr nach Rausgehen als Ausgehen, ist die Schanze trotzdem der richtige Startpunkt für einen gelungenen Abend. Statt sich wie üblich am Bahnhof Sternschanze nach links zu wenden, geht es dann aber direkt in den anliegenden Sternschanzenpark. Die Lieblingsgrünanlage der Entspannungsgemeinde ist ein guter Zubringer zur Tiergartenstraße. Der Name erinnert an den 1861 von Alfred Brehm gegründeten Zoologischen Garten im heutigen Citypark Planten un Blomen. Die ebenso wechselvolle wie spannende Geschichte des grünen Herzens der Stadt können Interessierte am Pavillon des Vereins Freundeskreis Planten un Blomen e. V. rechts der Wasserkaskade nachlesen.

Mit dem Fernsehturm als Wegmarke hält man auf die Wallanlagen zu. Das Gewässer vor den Schaugewächshäusern ist ein Relikt der Festungsanlage, die Hamburg einst umgab. Der westliche Teil wurde nach dem Ende der

Auch in Parks lohnt es sich, vom Weg abzukommen. Etwa beim alten Alpinum von Planten un Blomen.

französischen Besatzung in eine Grünanlage umgewandelt, die sich bis zum Millerntor zieht und nach Überquerung des ultralauten Millerntorplatzes im Alten Elbpark seine Fortsetzung und zurück zur Ruhe findet.

An der Seewartenstraße geht es rechter Hand über die Kersten-Miles-Brücke und gleich dahinter links auf die Promenade Bei der Erholung. Der Höhenweg mit Lindenallee bietet herrliche Elbblicke. Am Ende des Spazierweges ist die Bernhard-Nocht-Straße erreicht. Es folgen einige hundert Meter ohne Grün, bis man zur Balduin-Treppe gelangt, welche die Grenze zwischen St. Pauli und Altona markiert.

Unterhalb der Treppe ist rechter Hand bereits der kleine, feine Schauermanns Park zu erahnen. Gemeinsam mit dem Antoni Park hat er sich fest in den Köpfen von Einheimischen und Touristen als Park Fiction verankert. Dabei war dies im Ursprung nur der Titel eines Kunstprojekts innerhalb der Grünanlage. Zu verdanken ist sie Anwohner*innen des Hafenrands, die ein Jahrzehnt lang engagiert gegen Widerstand aus Wirtschaft und Politik kämpften. Un-

Mitte: Im Alten Elbpark wacht der größte steinerne Bismarck der Welt über uralte Bäume. Rechts: Wohlerspark.

terhalb der bekannten Metallpalmen geht es den Pinnasberg hinunter an den Fischmarkt.

Schräg gegenüber liegt der Kapitän-Schröder-Park. Er steigt leicht zur Hauptkirche St. Trinitatis an. In früheren Zeiten wäre man nun schon in Dänemark angekommen. Jenseits des Kirchhofs trennt die Königsstraße von der nächsten Grünanlage, dem Walter-Möller-Park. Er wirkt zunächst winzig, da die begrenzende Louise-Schröder-Straße bereits im Blick ist. Sie unterbricht aber nur den Grünzug Altona, der sich bis zur Thadenstraße zieht.

Dort schließt sich nahtlos der idyllische Wohlerspark an. Über- und Abnutzung des früheren Friedhofs machten 2020 eine Grunderneuerung nötig. Wer das Ergebnis noch nicht mit eigenen Augen gesehen hat, schlägt einige Haken, bevor es zu einem der hinteren Ausgänge geht. Auf der anderen Seite der Max-Brauer-Allee ist schon die letzte Parkanlage dieser Wanderung sichtbar, der Berta-von-Suttner-Park. Von hier hat man den S-Bahnhof Holstenstraße über den Holstenplatz fix erreicht.

FAZIT: DIE TOUR DURCH ZEHN DER 1460 HAMBURGER PARKS MACHT LUST, GLEICH DIE NÄCHSTE ZU PLANEN.

Hin & weg: Zum Start mit der U3, S11, S21 oder S31 bis Sternschanze, zurück mit S11, S21 oder S31 ab Holstenstraße.

Beste Zeit: Frühling bis Herbst.

Dauer & Strecke: 2,5 Std., 8,5 km.

Ausrüstung: Leichtes Gepäck, Turnschuhe.

Übrigens: GPX-Download auf Seite 229.

FEIERABEND ON ICE

… bei Planten un Blomen

#15

Skaten in den Wallanlagen, das geht eigentlich immer. Im Winter lockt die Eisarena von Planten un Blomen, im Sommer die Rollschuhbahn. Und wenn es regnet und stürmt, wird es im Park Café so richtig gemütlich.

#likeiceandthesunshine #SommerabendvormBalkon #Skatengehtimmer

Für das Eisstockschießen ist die vorherige Anmeldung unbedingt ratsam. Schlittschuhlaufen klappt auch spontan.

Im Sommer ist alles besser. Das gilt auch für die Eislaufbahn im Park Planten un Blomen, die sich irgendwann im April in die Rollschuhbahn verwandelt und dann – jetzt kommt das Bessere – bis September keinen Eintritt mehr kostet. Seit mehr als 130 Jahren geht das schon so. Aber langweilig wird es den Hamburgern nie. Im Gegenteil. Seit 1880 gehört es für viele zu einem gelungenen Winter dazu, mindestens einmal seine Runden auf der 4300 Quadratmeter großen künstlichen Eisbahn zu drehen. Eine Fläche, fast so groß wie 17 Tennisplätze. In den Anfangsjahren tummelten sich die Skater noch auf dem Heiligengeistfeld. Als die Nationalsozialisten den Platz dann für ihre Aufmärsche okkupierten, zog die Bahn ans Dammtor. Im Rahmen der Internationalen Gartenausstellung ging es 1973 zurück in die Wallanlage. Damals galt die heutige Anlage als größte Freilauffläche der Welt. Heute trägt sie nicht einmal mehr den Titel der größten Kunsteisbahn in Deutschland. Doch dafür steht die Hamburger Institution unter Denkmalschutz.

Entscheidend für die Einstufung als Denkmal war das poppige Farbschema der Anlage. Ins-

Das Parkcafé: im Sommer natürlich draußen. Im Winter wird's supergemütlich, wenn man ganz durchgefroren ist.

besondere die Wallpaintings an den Balkonen, die über der Lauffläche schweben. Geschaffen hat die Malereien Werner Nöfer im Rahmen des Projekts »Kunst für alle«. Der Grafiker hatte sich bereits zuvor einen Namen gemacht. Unter anderem mit dem Außenbereich des Abaton Kinos und dem Wallpainting am Grünspan, dem ersten Mural in Deutschland. Nöfers technokratische Ornamentik war für die Siebziger Jahre ungeheuer modern und ist es bis heute geblieben. Die Motive könnten genauso gut aus dem digitalen Bereich stammen. In ihrer Leblosigkeit passen sie prima in den Sommer. Denn dann geht es auf der Rollschuhbahn oft unverständlich still zu. Es lohnt sich, Nöfers Kunst in Ruhe zu betrachten, bevor man sich selbst auf den Balkonen einrichtet.

Ein Drink im Gepäck kann nicht schaden, denn der Feierabend mag hier lang werden. Wer ihn vergessen hat, besucht das Park Café. Dort liegen die besten Plätze auch nicht schlecht, direkt an einer Wasserfläche. Doch wenn dort unten die Schatten bereits lang werden, strahlt oben auf die Balkone noch immer die Abendsonne. Fast so lang wie an der Elbe scheint sie einem hier ins Gesicht. Also ewig. Beziehungsweise beinahe bis zum Sonnenuntergang.

Man darf sich vom Retro-Look der Anlage nicht täuschen lassen. Technisch befindet sich die Eisarena im Topzustand. Um einen gleichmäßigen Klang für alle Eisläufer zu erreichen, gehören Beam-Steering-Lautsprechersysteme, deren Schallabstrahlung elektronisch gesteuert werden kann, zum festen Bestandteil der Beschallungsanlage. Das ist vor allem bei den Clubnights von Vorteil, wenn am Freitag gegen 19 Uhr die Regler aufgedreht werden, oder zur Ladies-Night, jeden ersten und drit-

ten Donnerstag im Monat. Wer sich scheut, die Kufen unterzuschnallen, findet vielleicht am Eisstockschießen Gefallen. Der alpine Gemütlichkeitssport erfreut sich immer größerer Beliebtheit. Die Regeln sind nicht schwierig, erste Erfolge leicht zu erringen und es braucht auch keine weitere Ausrüstung. Allerdings sind die Bahnen für das Eisstockschießen häufig im Voraus ausgebucht. Und nebenbei auch nicht ganz billig.

Schlittschuhlaufen kostet hingegen nicht die Welt. Erste Gleitversuche kann man am späten Mittwochnachmittag machen. Da gibt der ehemalige Vize-Weltmeister im Roll- und Eiskunstlauf eine Trainingsstunde für alle Interessierten. Der inzwischen über 70-jährige Heinz Germershausen macht das seit Jahrzehnten. Und zwar kostenlos. Eine Anmeldung ist nicht erforderlich.

FAZIT: HIER LÄSST ES SICH HERRLICH GROSSE KREISE ZIEHEN – IN SOMMERSTILLE ODER IM WINTERTRUBEL.

Hin & weg: Mit der U3 oder der Buslinie 112 bis St. Pauli.

Beste Zeit: Die Eislaufsaison dauert von Mitte September bis Mitte März, in der Zwischenzeit sind Rollschuhe angesagt.

Dauer: 2–3 Std., Öffnungszeiten auf www.eisarena-hamburg.de

Ausrüstung: Schlittschuhe (können auch ausgeliehen werden) oder Skates.

PLAUDERN UND GENIEßEN

Den Tag Revue passieren lassen

Auf der Picknickdecke im Park den Abend vertändeln, durch unbekanntes Terrain bummeln und dabei Lieblingsläden entdecken, geistige Nahrung mit Elbblick zu sich nehmen – mit Freunden, zu zweit oder allein.

PRETTY IN PINK

... am Schwanenwik in Hohenfelde

#16

Jedes Jahr, gerade wenn einem der Winter ewig erscheint, erlöst ein hellrosa bis knallpinker Blütenrausch die Stadt. Dann ist es Zeit für Hanami, das japanische Kirschblütenfest. Besonders stilvoll lässt es sich an der Binnen- und Außenalster zelebrieren.

#Blütenzauber #Frühlingserwachen #Blütenbetrachten

Die Japanische Zierkirsche ist die Prinzessin unter den Bäumen, aber Allüren kennt die anspruchslose Frühlingsbotin nicht. Sie entwickelt ihren Zauber beinahe überall an der Alster.

Wenn Hamburger*innen vom Kirschblütenfest schwärmen, meinen sie meist das Feuerwerk. Das alljährliche Geschenk der Japanischen Gemeinde an die Stadt ist auch wirklich eine wunderbare Tradition. Aber eigentlich handelt es sich beim Kirschblütenfest um eine ganze Reihe von Veranstaltungen. Hanami wird diese kurze Zeit in Japan genannt.

Wörtlich übersetzt bedeutet *hanami* »Blüten betrachten«. Gemeint sind die Blüten der Japanischen Zierkirsche. Sie trägt keine Früchte und blüht nur etwa zehn Tage lang. Das ist *sakura*, die Phase der vollkommenen Schönheit. Sie steht symbolisch gleichermaßen für Aufbruch wie Vergänglichkeit und einen würdigen jungen Tod.

Für norddeutsche Gemüter klingt der Teil mit dem Tod vielleicht ein wenig morbide. Besonders im Frühling beschäftigen sich die wenigsten gern mit Vergänglichkeit. Da ist erst einmal Leben angesagt. So sehen es auch Japaner*innen – und feiern Hanami mit einem Picknick unter Kirschbäumen. Dabei geht es viel weniger poetisch zu, als man annehmen sollte. Es ist vielmehr ein fröhliches, abendliches Gelage mit der Familie, mit Freunden oder mit Arbeitskolleg*innen. Gefeiert wird mit Sake und O-Bento auf bunten Plastikplanen.

Plastikplanen benötigt man an der Alster aber keine. Und auch beim Essen sollte man auf Verpackungsmüll verzichten. Wer keine eigene Bento-Box besitzt, freut sich über den Take-away-Service von Bento by Nakama. Für seine Bowls und Sushi-Mixe verwendet das Restaurant in der Steinstraße 17a ausschließlich Behälter aus gepresstem Zuckerrohr und Maisstärke. Praktisch: man kann

sich die japanischen Köstlichkeiten auch ins Büro liefern lassen (www.nakama-hamburg.de/bento-by-nakama). Dann braucht man nur noch das nächstgelegene Alsterufer ansteuern oder einen anderen der vielen Plätze, an denen Zierkirschen wachsen. Pflanzen ließ sie 1968 der damalige japanische Konsul. Je nach Quelle waren es einige Hundert. Oder sogar 5000 Stück. Für alle in Hamburg lebenden Japaner*innen ein Setzling.

Ein besonders beliebter Fotospot liegt unterhalb der Lombardsbrücke mit Blick auf die Binnenalster. Im Alstervorland geht es am ruhigsten zu. Die besten Plätze für das Picknick finden sich auf der Alsterwiese am Schwanenwik. Dort ersetzen Holzbänke die Plastikdecken und die Kirschbäume stehen so dicht, dass der sanfteste Windhauch einen Blütenregen auslöst.

FAZIT: EIN WUNDERBARER, ABER AUCH FLÜCHTIGER MOMENT, DEN MAN NICHT VERPASSEN DARF.

Hin & weg: U3 bis Uhlandstraße.

Beste Zeit: April bis Mai, Tagespresse checken.

Dauer: 60 Min.

Ausrüstung: Picknick, Pullover (es kann noch kalt sein).

DAS ESSEN IST FERTIG

... im Kleinen Speisesaal in Winterhude

#17

Erwachsensein ist prima. Man muss sein Zimmer nicht aufräumen, nicht essen, was auf den Tisch kommt, und darf so lange draußen bleiben, wie man will. Aber manchmal möchte man ja doch umsorgt werden wie früher. Dann geht es in den Kleinen Speisesaal.

#Probierküche #Tischleindeckdich #etwasWarmesbrauchtderMensch

»Wenn ihr gegessen und getrunken habt, seid ihr wie neu geboren; seid stärker, mutiger, geschickter ...« Das wusste Goethe genauso wie Marc Klinkmüller vom Kleinen Speisesaal in Winterhude.

Statistiken zählen an die 4500 »Verpflegungsdienstleister« in Hamburg. So toll es ist, die Wahl zu haben, manchmal wird es auch zu viel, um sich zu entscheiden. Dann braucht man ein Lieblingslokal, mit dem man nichts falsch machen kann. Eins, wo das Essen schmeckt und man sich schon beim ersten Besuch wie ein Stammgast fühlt.

So wie im Kleinen Speisesaal mitten im Herzen von Winterhude, dem Stadtteil, wo Savoir-vivre mehr meint als ein Franzbrötchen und alle Wege »direktemang« in die Kunst des guten Lebens führen. Ob beim vorherigen Luftschnappen an der Alster oder auf einem Bummel durch die kleinen Läden rund um den Mühlenkamp, egal aus welcher Richtung Gäste in den Kleinen Speisesaal finden, sie erreichen ihn als Flaneure. Und dann wird es norddeutsch – die Gastfreundschaft ist echt, der Service auffallend freundlich und die Atmosphäre gar nicht etepetete.

Das Erfolgsrezept der Crew um Restaurantleiter Marc Klinkmüller lautet: frische Zutaten, am liebsten aus der Region, faire Preise, eine Crossover-Küche, die spannend bleibt, weil die Karte wöchentlich wechselt und ein persönlicher, herzlicher Umgang. Das gilt im Team und auch den Gästen gegenüber. Unter denen wird gemunkelt, das Risotto von Küchenchef Dennis Rosenbrook sei das beste der Stadt, cremig aber mit Biss, gleichbleibend lecker und überraschend variabel, mal mit frischen Pfifferlingen, mal mit Roter Bete. Wenn Rosenbrook mittwochs die neue Karte präsentiert, findet man auf die Saison abgestimmte Speisen von Spargel bis Grünkohl. Stammgäste dürfen sich aber auch darauf verlassen, dass ihre Lieblingsgerichte nie fehlen.

Zu den Klassikern, die immer auf der Karte stehen, gehören der angebratene Thunfisch mit schwarzem Sesam auf Salat, Spaghetti mit Rinderfiletspitzen und grünem Pfeffer und das Wiener Schnitzel mit Kartoffel-Gurkensalat. So macht der Kleine Speisesaal einerseits alle glücklich, die am liebsten wie im Gasthof in der Heimat essen. Und andererseits funktioniert er auch für diejenigen, die gern etwas Neues ausprobieren.

Essen ist ein Bedürfnis. Genießen eine Kunst, die im Kleinen Speisesaal leicht fällt. Gegessen wird an weiß gedeckten Tischen im stilvoll gemütlichen Ambiente des Gastraums. Oder ganzjährig auf der Terrasse. Im Winter überdacht und geheizt, ist sie im Sommer ideal zum Leutegucken. Dazu passt ein Weißer Burgunder aus der Weinmanufaktur von Bassermann-Jordan. *À votre santé!*

FAZIT: KLEINER SAAL, FEINE KARTE, GROßER WOHLFÜHLFAKTOR.

Hin & weg: Buslinien 6, 17, 25 oder 606 bis Gertigstraße.

Beste Zeit: Ganzjährig. Reservierung empfehlenswert unter 0 40-30 33 03 31 oder www.kleinerspeisesaal.de

Dauer: 2–3 Std.

Ausrüstung: Die Nummer vom Taxiruf (falls es später wird).

HUMMEL-BUMMEL

… durch die Neustadt

#18

In Phasen hoher Arbeitsbelastung fällt es manchmal schwer, das Funktionieren nach Feierabend einzustellen. Dann ist ein Hummel-Bummel hilfreich. Der ungeführte Quartiersspaziergang lehrt unter anderem, die Zeit aufs Beste zu vertändeln.

#spannendundentspannend #KunstundKultur #SpeisenundGetränke

Vier Waserträger markieren die Startpunkte des Hummel-Bummels, der sich als rote Linie durch die Neustadt zieht.

Es gibt ja so Abende, da kommt einem Hamburg so grau in grau vor wie das Kansas im Zauberer von Oz. Da scheint das Leben nur noch aus Arbeit, Arbeit und nochmals Arbeit zu bestehen, und wenn man ausnahmsweise nicht arbeitet, arbeiten immer noch die Gedanken. Doch ohne Muße wird man leicht missmutig auf die Dauer.

Vielleicht so missmutig wie Hans Hummel, eigentlich Johann Wilhelm Bentz, der auf den Spottruf »Hummel Hummel« mit »Mors Mors« geantwortet haben soll. So erzählen es sich jedenfalls viele Touristen, wenn sie die stilisierte Wasserträger-Figur an der Hauptkirche St. Michaelis entdecken. Sehr viel weniger Touristen folgen indes Hans Hummels Fingerzeig auf die andere Seite der Ludwig-Erhardt-Straße. Und das ist vielleicht auch ein Grund, warum dieser Part der Neustadt trotz direkter Citylage und bei aller heiterer Lebendigkeit stets eine spezielle Ruhe ausströmt. Es liegen eben nicht die ganz großen Sehenswürdigkeiten in dem kleinen Quartier rund um den Großneumarkt. Es sind die unbekannteren Besonderheiten, die den Hummel-Bummel-Strich zur Yellow Brick Road machen. So wie Dorothy sich von gelben Ziegelsteinen in die Smaragdstadt leiten ließ, leitet eine rote Linie auf dem Asphalt in die Neustadt, die eigentlich die Altstadt von Hamburg ist. Es funktioniert, selbst wenn man eigentlich zu gar nichts Lust hat.

Die Big-Five im Komponistenquartier: Telemann, die Mendelsohns, Brahms und Mahler.

Neben der Hummel-Figur am Michel finden sich weitere an der Stadthausbrücke und am schönsten Konzerthaus von Hamburg, der Laeiszhalle im Neobarock am Johannes-Brahms-Platz. Zum Geburtshaus des Komponisten wären es nur einige Schritte, doch das Gebäude fiel dem Zweiten Weltkrieg zum Opfer. Wer heute etwas über Brahms erfahren möchte, wählt einen der anderen Startpunkte des Hummel-Bummels, den beim Museum für Hamburgische Geschichte. Von dort zieht sich die rote Linie ins Komponistenquartier. In den rekonstruierten Bürgerhäusern in der Peterstraße reiht sich Brahms-Museum an Telemann-Museum, Fanny-und Felix-Mendelssohn-Museum an Mahler-Museum. Und während man noch über den Reichtum der Hamburger Musikgeschichte staunt, ist man schon am nächsten besonderen Ort angekommen, vielleicht einem außergewöhnlich schönen oder historisch bedeutsamen, seltsamen oder verschwundenen. Einige können als echte Insider-Tipps gelten.

Der Paradieshof oder die Ruinen der jüdischen Synagoge sind selbst nicht allen alteingesessenen Hamburgern bekannt. Und wer hat je gehört, dass es hier einst eine Musikerbörse gab. Ja, wer weiß denn überhaupt, was eine Musikerbörse ist? Nachzulesen ist es auf einem der rot-weißen Schilder, die sich an 30 Stationen finden. Um die gesamten 2,5 Kilometer abzulaufen, bräuchten Bummelanten etwa 1,5 Stunden. Es ist nur so, dass der rote Strich nicht als Rundkurs verläuft und auch nicht überall gleich

Detailgerecht wiederaufgebaut: die Alt-Hamburger Bürgerhäuser in der Peterstraße/Neanderstraße/Hütten.

gut zu erkennen ist. Er ist vielfach abgelaufen oder vom Regen verwaschen. Jedenfalls erahnt man ihn auf einigen Abschnitten mehr, als dass man ihn sieht. Manchmal zieht er sich auch in zwei Richtungen. Und dann passiert das Beste. Das Viertel übernimmt die Führung.

Es ist unmöglich, durch die Neustadt zu spazieren, ohne sich zu verlieben oder nicht mindestens magisch angezogen zu werden von den schönen Läden, Galerien, Cafés und Restaurants, die oft so wunderbar individuell gestaltet sind, dass man am liebsten einziehen würde. Da gerät man wie von selbst in entspanntes Flanieren. Nicht umsonst vergleichen die Initiatoren des Hummel-Bummels die Atmosphäre der Neustadt mit Montmartre.

FAZIT: INSPIRIERENDER STADTBUMMEL, DER ALLEIN EBENSO VIEL SPAß BRINGT WIE IN GESELLSCHAFT.

Hin & weg: Mit der S1, S2 oder S3 bis Stadthausbrücke, mit der U2 zu den Messehallen oder mit der U3 bis Rödingsmarkt und St. Pauli.

Beste Zeit: Das ganze Jahr über. Wie wärs im Sommer?

Dauer: 1–3 Std.

Ausrüstung: Flyer mit allen Startpunkten und Stationen unter www.grossneumarkt-fleetinsel.de/hummel-bummel

ÜCKZUG NS ARADIES

... Garten Alma de l'Aigle in Eppendorf

#19

Gut versteckt auf der Eppendorfer Anscharhöhe liegt ein kleiner Garten mit zauberhafter Geschichte. Der Gründungsort des Bundes der heimlichen Rosenpflanzer ist gerade groß genug für eine Solo-Eskapade oder vertrauliche Gespräche zu zweit.

#Gartengeschichte #besinnlich #grüneOase #Soloromantik

Der Garten von Alma de l'Aigle ist wie gemacht zum Lesen im Grünen. Vielleicht ja »Ein Garten«. Von Alma de l'Aigle.

Auf der ganzen Welt lieben Kinder ihre Geheimverstecke. Orte, die vor neugierigen Blicken schützen, wo man die Regeln selbst bestimmen darf und das angstfreie Alleinsein lernt. Später erfüllt im Idealfall die eigene Wohnung diese Bedürfnisse. Nur ist die eben nicht draußen und weniger mit Fantasie umrankt. Daher lohnt es sich, einmal vor der lauten Tarpenbekstraße hinter die Mauern der Stiftung Anscharhöhe zu flüchten. Dahinter liegt eine langsamere, stillere Welt. Hier leben alte und behinderte Menschen wie in einem heimlichen, heimeligen Dorf mit bunten Blumenbeeten und ehrwürdigem Baumbestand, Gemeinschaftshäusern, Arztpraxen, einem Fortbildungszentrum, einer Kita und einer schneeweißen Kirche.

Noch besser wird es im ausgeschilderten Garten Alma de l'Aigle. 1888, als Almas Vater Haus und Grundstück kaufte, war der Garten noch vier Mal so groß. Der Ziergarten lag nach vorn heraus, mit geschwungenen Wegen und ovalen Rosenbeeten vor der Veranda. Im mittleren Teil stand das Gewächshaus. Dort zog die Familie Gemüse für den eigenen Bedarf. Im hinteren Garten frönte Alexander de l` Aigle seinen Passionen; dem Obstanbau und der Imkerei.

Ihre Kindheitserinnerungen veröffentlichte Alma de l'Aigle 1948 in dem Buch »Ein Garten«. Darin beschreibt sie das Gartenjahr, verwoben mit der Entwicklung von heranwachsenden Kindern. Für die erfolgreiche Reformpädagogin waren es nämlich »Gärten und Kinder, um die es sich lohnt zu leben«.

Almas besonderes Interesse galt immer den Rosen. 1957 teilte sie ihr ungeheures Wissen

in dem Buch »Begegnung mit Rosen«. Sie tat es auf eigene Kosten. Der Verlag hatte Teile des Manuskripts streichen wollen. Doch Alma mochte auf keine ihrer 700 Rosen verzichten. Die Beschreibung der Rosendüfte gelten noch heute als sprachlich unerreicht. Nach Almas Tod fiel der Garten in einen Dornröschenschlaf.

Erst 1991 gelang es drei engagierten Frauen, ein Viertel des Grundstücks aus den Klauen eines Investmentunternehmens zu reißen. Sogar einige der alten Rosen wurden gerettet. Almas Geschichte und was es nun genau mit dem Bund der heimlichen Rosenpflanzer auf sich hat, wird auf Texttafeln erzählt. Die studiert man am besten allein. Beim ersten Besuch. Und beim zweiten lädt man dann, wie alle Kinder auf der Welt es tun, einen Lieblingsmenschen in sein Geheimversteck ein.

FAZIT: ALLEIN ERLEBT, IST DIE STIMMUNG GANZ ZAUBERHAFT, ZU ZWEIT WUNDERVOLL VERTRAULICH.

Hin & Weg: Mit der Buslinie 22 bis Lokstedter Weg.

Beste Zeit: Zur Rosenblüte im Juni.

Dauer: 30–60 Min.

Ausrüstung: Brille für die Texttafeln (falls nötig), Sonnenbrille für die Parkbank.

Eiskaffee
Eisschokolade € 3,90
Vanilleeis mit
Rhabarber-Erdbeer-
Grütze € 4,90
Bitte
Klingeln!
Schöfferhofer Grapefruit
Prosecco
Aperol-Spritz 0,3l
Heißes Würstchen
Kartoffelsalat
Kuchen vom Blech:
Rhabarber, Pflaume, Apfel oder Stachelbeer
Quark-, Haselnuss- oder Zitronenkuchen
Schokoplätzchenkuchen

CAFE
CANALE

PADDEL-INN

... am Mühlenkampkanal

#20

*Die Alster und ihre Kanäle sind ideale Reviere für die Anfänger*innen im Stand-up-Paddeln. Der Fluss strömt ruhig, die Ausflugsdampfer haben sich an die Stehpaddler gewöhnt und es lockt das Cafè Canale, ein Drive Thru für Wassersportler.*

Was gibt es Schöneres als Stand-up-Paddeln auf der Alster? Na klar: das Hochgefühl, sein erstes Kaltgetränk vom Board aus geordert zu haben.

In einer Stadt, die mehr Brücken als Venedig zählt und die mehr Bäume als Einwohner hat, gehört Stand-up-Paddeln zu den Dingen, die jeder Hamburger mal gemacht haben muss. So herrlich ist es, aufrechtstehend durch malerische Kanäle von einem See zum nächsten zu gleiten, dass der Trendsport sich in Windeseile zur Massenbewegung entwickelt hat. Zumal sich erste Erfolgserlebnisse bereits bei einem 1,5-stündigen Anfängerkurs in einem der vielen SUP-Clubs einstellen. Stand-up-Paddeln gehört zu den Sportarten, die zwar lebenslanges Feilen an den eigenen Fertigkeiten ermöglichen, aber auch schon mit quasi null Wissen wirklich Spaß bringen.

Sobald die erste Lektion (Wie halte ich mich auf dem Board?) einigermaßen verinnerlicht ist, geht es an die zweite – das Café Canale. Es gehört zu diesen zuckersüßen individuellen Läden, die für Winterhude ganz typisch sind. Im Souterrain eines Jugendstilhauses im Poelchaukamp 7 gurgelt und faucht die Espressomaschine. Auf dem Herd köchelt ein feines Süppchen. Und es duftet nach Kuchen frisch vom Blech.

Den kann man in der guten Stube zu sich nehmen, draußen im quirligen Treiben vernaschen oder bei gutem Wetter im kleinen Sommergarten verspeisen. Er öffnet sich zum Mühlenkampkanal. Dort stauen sich an manchen Tagen Kanuten, Ruderer, Tretbootfahrer und Stand-up-Paddler, denn das Fenster nebenan fungiert als Row-Thru oder Paddle-Inn.

In einem Boot oder Kanu sitzend, ist es gar nicht so schwer, das Seil an der Hauswand zu greifen, sich in Bestellposition zu ziehen und dann die Glocke zu läuten. Es gibt zwar einen

kurzen kibbeligen Moment, wenn Speisen und Getränke entgegengenommen werden dürfen. Aber das ist nichts im Vergleich zum Balanceakt für Stand-up-Paddler. Da wird jede Handlung zu einer abenteuerlichen Angelegenheit. Jedenfalls beim ersten Mal. Kuchen, Fischbrötchen und das Erlebnis an sich sorgen aber dafür, dass das Café Canale direkt auf die Lieblingsliste wandert.

Ausprobieren könnte man auch mal McBoat in der Eiffestraße. Aber Hamm liegt nicht auf jedermanns Wasserweg und weder lächelt eine Sprechanlage am Bootssteg so nett wie das Team vom Café Canale noch kann es ein Sparmenü im Schnellrestaurant mit dem Apfelstreusel, Rhabarberstreusel und Pflaumenstreusel aus dem Poelchaukamp aufnehmen. Und schon gar nicht mit dem Stachelbeerstreusel.

FAZIT: UNTER WASSERSPORTLERN LÄNGST KEIN GEHEIMTIPP MEHR, SONDERN EINE INSTITUTION.

Hin & weg: Mit U-Bahn, Bus oder S-Bahn bis Gertigstraße.

Beste Zeit: Hochsommer.

Dauer & Strecke: 80 Min. für den Anfängerkurs und 400 m auf dem Board.

Ausrüstung: Trink-Geld. Bei der SUP-Legion (www.sup-legion.de) in der Körnerstraße lernen Newcomer die Basics in Theorie und Praxis. Es gibt einen Verleih.

Jagen und Sammeln

... in den Vier- und Marschlanden

#21

In den Vier- und Marschlanden, wo so gut wie jeder Straßenname auf Deich endet, dreht sich fast alles um gute Ernährung, regionales und ungespritztes Obst und Gemüse. Ob beim Straßenverkauf, in Hofläden, auf Mietbeeten oder beim Mitmachgartenbau.

Arbeitsteilige Gesellschaft ist ja gut und schön, hat aber auch ihre Schattenseiten. Wer beispielsweise nicht körperlich arbeitet, leidet häufig unter Bewegungsmangel. Schreibtischtäter spüren es im Rücken. Denn eigentlich sind Menschen Bewegungstiere. Schon die Neandertaler waren quasi rund um die Uhr auf Nahrungssuche. Und noch in der Steinzeit, das ist erst wenige Tausend Jahre her, legten die Menschen weite Strecken zurück, um Nüsse, Beeren, Obst und Kräuter zu sammeln oder Tiere zu jagen.

Dass die Menschen – evolutionär gesehen – über Nacht an den Schreibtisch gefesselt wurden, ging zu schnell, als dass sich die Anatomie daran hätte anpassen können. Sie ist nach wie vor auf rund 15 Kilometer Gehen pro Tag ausgerichtet. Nicht Kohlenhydrate machen also dick, sondern der kurze Weg zum Supermarkt. Besser als ständig gedanklich um die richtige Ernährung zu kreisen, ist es, durch die Vier- und Marschlande zu streifen. Dort ist Hamburg ländlich, das Gewächshaus hinterm Haus selbstverständlich und gegessen wird noch, was auf den Tisch kommt. Beziehungsweise die Tische. Etliche Anwohner von Ochsenwerder bis Kirchwerder platzieren sie am Straßenrand, um ihre Erträge feilzubieten. Hier vernebelt kein Überfluss die Sinne, sodass man am Ende entnervt zu ungesunden Produkten greift. Stattdessen locken Früchte und Gemüse der Saison.

Das Angebot ist Glückssache. Was man daraus zaubert, abhängig von der eigenen Kreativität. Und falls es partout doch eine ganz bestimmte Zutat wie Rapunzeln sein muss, steuert man den nächsten gut sortierten Hofladen an. Die Demeter-Gärtnerei Sannmann am Ochsenwer-

Einkaufen in Ochsenwerder: beim einen Gewächshaus dies, beim nächsten das, oder alles, was man braucht beim Mitmachgartenbau am Elbdeich.

der Norderdeich 50 beispielsweise hat mehr als 200 Jahre Erfahrung mit Wildsalaten und fast vergessenen Tomatensorten.

Wem das zu sehr dem normalen Einkauf gleicht, wird sich über den Mitmachgartenbau in Kirchwerder freuen. Hier kann man Obst und Gemüse selber ernten. Mit den Händen in der Erde wühlen. Durch das Melonenfeld stapfen. Frische Kräuter armweise pflücken. Immer beäugt von einer Schar Gänse und ganz spontan, ohne ein Feldstück zu mieten oder ein Abo abzuschließen. Ernten darf man alles in den Beeten, Gewächshäusern und auf Freiflächen, was gerade wirklich reif ist. Über die Saison ist das so gut wie jedes Gemüse, viele, viele Früchte, Kräuter in ungeahnten Variationen und solche, von denen man noch nie gehört hat. Außerdem gibt es auch selbsterzeugte Öle, Essige, Tees, Marmeladen, Honig und Eier von eigenen Hühnern und Wachteln. Von deren glücklichem Leben kann man sich beim Besuch gleich selbst überzeugen. Die Saison im Mitmachgartenbau läuft irgendwann im Mai an und endet im September. Wann genau, bestimmt das Wetter und ist auf www.mitmachgartenbau.de einzusehen.

Vom Bahnhof in Bergedorf losmarschiert, käme man in etwa so hin mit den 15 Kilometern pro Tag, die dem Bewegungsapparat guttun. Aber der Weg durch die platte Marsch zieht sich, ist also prädestiniert als Radstrecke. Entweder ab Bergedorf. Dort stehen auch Stadträder. Oder kombiniert mit Eskapade #49.

FAZIT: SLOW SHOPPING IN HAMBURGS LANDGARTEN, SUPER MIT EINER LANGEN ODER KURZEN RADTOUR KOMBINIERBAR.

Hin & weg: Mit der Buslinie 120 bis Warwischer Hinterdeich. Oder vom Bahnhof Bergedorf aus mit dem Fahrrad.

Beste Zeit: Mai bis Oktober.

Dauer: 1–2 Std.

Ausrüstung: Fahrrad, Korb, Kiste oder Beutel.

ABENDS AUF BALKONIEN

… Altonaer Balkon ff.

#22

Der 1. Rang des Hafentheaters ist der Grünzug zwischen Olbersweg und Övelgönne. Dort laden verwunschene Balkone mit schmiedeeisernen Geländern zum Verweilen ein, Veranden aus rotem Backstein und Aussichtsplattformen, die über die Elbhänge ragen.

#ParkPanoramenPromenade #aufnachTerrassinien #Elbansichten

Sommer vorm Balkon.

Wer tagsüber arbeitet, braucht abends einen Südbalkon. So ein geschütztes Plätzchen in sonniger Lage, wo der Blick zum Horizont geht und die Seele den Alltag loslassen kann. Weil das nicht alle hanseatischen Architekten wissen, müssen viele Stadtbewohner ohne privaten Freiluftsitz auskommen. Da sind die Geesthänge an der Elbe eine feine Sache. Sie funktionieren ganz genauso. Noch besser eigentlich, denn man kann sich seine Nachbarn selbst aussuchen. Der größte und bekannteste Sonnensalon ist der Altonaer Balkon. Schon 1638 wusste man die hervorragende Aussicht zu schätzen. Es entstand an gleicher Stelle eine Grünanlage für das Pallamaglio-Spiel. Der Vorläufer des Swingolf wird auf englisch *Pall-Mall* genannt, im Französischen *Paille-Maille*. So kam die Straße im Rücken des Altonaer Balkons zu ihrem Namen.

Mit freier Sicht auf Köhlbrand und Containerhafen ist die Aussichtsterrasse 27 Meter über der Elbe bei Einheimischen und Gästen gleichermaßen beliebt. Und wenn einem das mal zu viel werden sollte, spaziert man einfach über die Fußgängerbrücke, die die Kaistraße

überspannt. Jenseits ist der Blick genauso prächtig. Die Lage aber entspannter.

Der Schopenhauerweg schlängelt sich durch eine Kette von Parkanlagen. Sie sind aus ehemaligen Landsitzen und Lustgärten hervorgegangen, die reiche Kaufleute seit dem 17. Jahrhundert am Elbhang unterhielten. Die Urzelle der Hamburger Balkonkultur, die Rainvilleterrasse, ist nach wenigen Hundert Metern erreicht. César Rainville, ein kriegsmüder französischer Offizier, arbeitete sich ab 1800 zum

Am Altonaer Balkon ist immer was los. Geht man einige Minuten stadtein- oder -auswärts wird's gleich viel entspannter auf den Fußwegen am Elbhang.

»Gott der Gastwirte« hoch und über Rainvilles Gasthof und Garten funkelte der legendäre Baedeker-Stern.

Heute ist die Gastronomie zwischen Olbersweg und Övelgönne weitgehend ins »Erdgeschoss« gezogen. Zum Glück. Denn sonst wäre es mit der Ruhe auf den Hängen vorbei. Und außerdem ist die nächste Einkehrmöglichkeit ohnehin nie viel weiter als eine Elbtreppe entfernt. Das Angebot reicht von der Haifischbar in der Großen Elbstraße bis zu den Ausflugslokalen am Elbstrand.

Eine Ausnahme bietet die Plangesche Villa im Heine-Park, gleich neben der Rainvilleterrasse. Dort lässt sich – allerdings nur sonntags – frühstücken, wie es um 1850 Fantastillionären vorbehalten war. Der Heine-Park geht auf den Sommersitz des Bankiers Salomon Heine zurück. Es hätte den größten Wohltäter, den es in Hamburg je gegeben hat, sicher gefreut, wie die Menschen seinen Garten seit nun mehr als hundert Jahren schon genießen. 1914 wurde die Anlage zusammen mit dem benachbarten Donners Park und dem anschließenden Rosengarten im Rahmen der Gartenbauausstellung kunstvoll umgestaltet. Zwei Monate nach deren Eröffnung brach der Erste Weltkrieg aus. So wurde sie zum finanziellen Desaster. Doch der ideelle wie langfristige Gewinn ist gar nicht hoch genug anzusetzen. Das erkennt, wer den Tag auf einem der Altonaer Balkone ausklingen lässt. Vielleicht mit guten Freunden oder einem guten Buch.

FAZIT: ENTSPANNTER TAGESAUSKLANG IM GRÜNEN MIT DER ELBE VOR DER NASE.

Hin & weg: Mit S1 oder S3 bis Königstraße.

Beste Zeit: Frühling bis Herbst.

Dauer & Strecke: 60 Min. für 1,5 km einfache Strecke. Wer plaudert, liest oder der Sonne beim Untergehen zuschaut, kann es auch viel länger aushalten.

Ausrüstung: Taschenlampe für den Abend, einige Wegabschnitte sind nicht beleuchtet.

Übrigens: GPX-Download auf Seite 229.

GENUG PLATZ FÜR ALLE

… im Harburger Binnenhafen

#23

Auf der anderen Seite der Elbe sind die Menschen nicht dieselben. So sagt es der Hamburger Volksmund. Und tatsächlich staunen Unwissende vom nördlichen Elbufer, wenn sie sich mal in den kleinen Hafen von Harburg wagen. Im Süden ist man entspannter.

Es hat sich viel getan, seit der Harburger Binnenhafen vor einigen Jahren aus dem Dörnröschenschlaf erwachte.

Allmählich spricht es sich herum, Harburg gehört zu Hamburg und ist keine Weltreise entfernt. 20 Minuten braucht die S-Bahn vom Hauptbahnhof zum S-Bahnhof Harburg Rathaus am Schloßmühlendamm. Wer bisher noch nicht gewusst hat, dass Harburg überhaupt ein Schloss besitzt, weiß wohl auch gar nichts von der Schlossinsel, die man über die Harburger Schlossstraße nach 800 Metern erreicht. Dort steht man dann »Am Canale«, dem heutigen Kanalplatz, mitten im Harburger Binnenhafen.

An der Fußgängerbrücke befindet sich eine Infotafel der Kultur-Routen Harburg. Mittels QR-Code kann eine interaktive Karte auf dem Smartphone aufgerufen werden. Sie zeigt den eigenen Standpunkt, verschiedene Themen-Icons und den Weg zum Schloss über die Zitadellenstraße und An der Horeburg. Denn so hieß die Anlage bei ihrer ersten Erwähnung im Jahr 1135. Was davon übrig blieb, sieht etwa so aus wie ein mittelschönes Mehrfamilienhaus aus der Gründerzeit, stammt im Kern aber aus dem 15. Jahrhundert und ist damit das älteste Profangebäude Hamburgs! Bis 1972 war die Pracht noch viel größer. Doch beim Abriss geschichtsträchtiger Bauten ist man in Harburg nicht zimperlicher als in ganz Hamburg.

Und der Binnenhafen ändert sich beinahe ebenso so schnell und dramatisch wie die HafenCity. Doch hat er sich ein charmantes Durcheinander bewahrt, wie man es beim großen Hamburger Bruder schmerzlich vermisst. Am Lotsenkai ankern prächtige Dreimaster neben alten Fischkuttern und Salondampfern, Hausbooten und dem Lydios. Ein Schüttgutfrachter von 1914, der heute als Hotelschiff dient. Anders als in Övelgönne, gibt's im Sü-

Nicht alle Harburger freuen sich über die neuen Entwicklungen. Über den Zuzug an Studierenden hingegen schon.

den kein Gedrängel an den Kaianlagen, sondern jede Menge Platz und hölzerne Liegen mit Blick aufs Wasser.

Von dort kann man die Außenterrasse des Momento Di sehen. Der Eingang des gehobenen Italieners (momentodi.com) befindet sich am Veritaskai. Beinahe gegenüber, an der Ecke Schellerdamm liegt auch das empfehlenswerte Vietnamesische Restaurant Hoi An (www.hoian-restaurant.de/hoian-hamburg). Für den kleinen Hunger ist das Bistro in der Fischhalle zuständig. Jedoch nur wenn gerade keine Lesung oder Konzert im Kulturzentrum am Kanalplatz stattfindet. Und dann wäre da noch Rosi, wie das Harburger Fährhaus von Stammgästen genannt wird. Die uralte Hafenkneipe im Dampfschiffsweg gehört mindestens beim ersten Besuch des Binnenhafens zum Pflichtprogramm.

FAZIT: EIN HAFEN ZUM HERUMSTROMERN UND SCHIFFEGUCKEN MIT SCHRABBELIGEN ECKEN UND NEUEN UFERN.

Hin & weg: S3 der S31 bis Harburg Rathaus.

Beste Zeit: Bei Sonnenschein.

Dauer & Strecke: 2–3 Std. Je nachdem, wo man einkehrt, kann der Schrittzähler auf 5–6 km kommen.

Ausrüstung: Smartphone und keine Badesachen! Die Wasserqualität ist zwar gut, die Verletzungsgefahr aber zu groß.

FREI-RAUM FÜR GENIEßER

… der Nachtmarkt von St. Pauli

#24

Nach dem stressigen Arbeitstag kommt der hektische Supermarktbesuch. Oder ein entspannter Bummel von einem Stand zum anderen, mit dem Aroma von tausendundeiner Köstlichkeit in der Nase und Abendsonne im Gesicht auf Hamburgs größtem Dorfplatz.

Weltfischbrötchen, Grand Prix Party, Street Food Session: im Sommer gibt es auf dem Spielbudenplatz jeden Abend einen anderen Grund zum Feiern.

Frisch, regional und unverpackt sollten die Zutaten für das perfekte Dinner sein. In Weidenkörbe müssen die Waren wandern. In aller Ruhe ausgewählt werden. Ganz ohne die Befürchtung, einen Einkaufswagen in den Rücken gerammt zu bekommen oder finstere Blicke, wenn es beim Bezahlen nicht schnell genug geht. Wie gut, dass Hamburg reich an wunderbaren Wochenmärkten ist. Hier ist der tägliche Einkauf noch ein sinnliches Erlebnis. Und es ist doch wunderbar, wenn Traditionen sich erhalten. Schon im Mittelalter zogen Bauern auf die Märkte, um das Stadtvolk zu versorgen.

Schade bloß, dass Berufstätige zu Marktzeiten für gewöhnlich arbeiten müssen. Es ist doch eigentlich erstaunlich, wie viele Wochenmärkte sich noch immer an den zeitlichen Möglichkeiten der klassischen Hausfrau orientieren. Selbst in einer Single-Metropole wie Hamburg.

Selbst in Stadtteilen, wo mehr als Dreiviertel der Einwohner in Einpersonenhaushalten leben und es folglich gar nicht so besonders viele Hausfrauen – oder Hausmänner – geben kann, die sich den Vormittag im Kalender freihalten könnten.

Oben: Obst und Gemüse ohne Plastikverpackungen. Rechts: Wenn man keinen Hund vor die Tür jagen mag, herrscht auf dem Nachtmarkt eine wunderbar entspannte Stimmung.

Weil St. Pauli die Menschen liebt, macht man es dort anders. Der Nachtmarkt öffnet nach asiatischem Vorbild in den Abendstunden. Je nach Saison geht das Treiben um 16 oder 17 Uhr los und endet zwischen 20 und 23 Uhr. Genügend Zeit, um den Einkauf ausnahmsweise nicht schnell hinter sich zu bringen, sondern zu genießen. Wie es duftet. Nach Früchten der Saison und jungem Gemüse, nach Käse, frisch gebackenem Brot und Fisch direkt vom Kutter. Die Eier kommen von Hühnern aus artgerechter Haltung. Die Krabben wurden nicht am Ende der Welt gepult, sondern direkt in Friedrichskoog. Kein Plastik umhüllt die Bio-Tomaten. Die sind hier auch viel roter als beim Discounter. Geschmacklich intensiver. Gerade zur rechten Zeit geerntet eben. Die Kirschen aber, »da kannst du ruhig noch bis nächste Woche warten. Die werden jetzt immer besser. Nur die Erdbeeren. Die solltest du heute mitnehmen. Die gibt's nämlich nicht mehr so lange.« Freundliche Beratung ist auf dem Markt selbstverständlich. Im Idealfall von den Erzeugern selbst. Und einen lockeren Schnack gibt's gratis obendrauf.

Wie viele Stände sich auf dem Nachtmarkt aneinanderreihen, lässt sich nie im Voraus sagen. In den Schietwetter-Monaten sind es weniger und die Stimmung ist herrlich melancholisch. Doch auch wenn die Lichter von St. Pauli sich auf regennassem Asphalt spiegeln, ist die Grundversorgung auf jeden Fall gesichert. Schon allein, weil Food-Trucks das Angebot ergänzen. Im Sommer sind in Containerbars auf der anderen Spielbudenplatzhälfte die Getränke bereits kaltgestellt. Hier hört man seltener jemanden wie im Ohnsorg-Theater (missingsch) sprechen, sondern mehr ein Sprachgewirr aus Englisch, Dänisch und

Schwäbisch. Ob man sich zu den Kollegenkreisen, Theaterbesuchern und Reisenden dazugesellen mag, ist a) eine Typfrage und kommt b) auf die Band an. Die Livemusik dudelt jeden Abend. Manchmal ist sie sogar gut! Zugegeben, das Publikum kann hemdsärmelig sein. Doch Naserümpfen ist unangebracht. Genauso volkstümlich war der Spielbudenplatz gedacht, als 1795 erste Gaukler vor dem Millerntor ihre fliegenden Bauten bezogen. Und sowieso gehört es auf St. Pauli zum guten Ton, zu leben und leben zu lassen. Das kann auch sehr entspannend sein.

Übrigens: Wer seinen eigenen Marktwert einfach einmal testen möchte, mit Selbsthergestelltem etwa, einem bestimmten Anliegen oder einer Spitzenidee, kann auf dem Nachtmarkt bis zu zehn Meter Standfläche für sich beantragen. Kostenfrei.

FAZIT: DAS SCHÖNE MIT DEM NÜTZLICHEN VERBINDEN UND DAS AUCH NOCH AN DER FRISCHEN LUFT.

Hin & weg: U3 bis St. Pauli oder S1, 2 oder 3 bis zur Reeperbahn.

Beste Zeit: Ganzjährig, mittwochs.

Dauer: 30 Min. bis abendfüllend.

Ausrüstung: Weidenkorb und Jutebeutel.

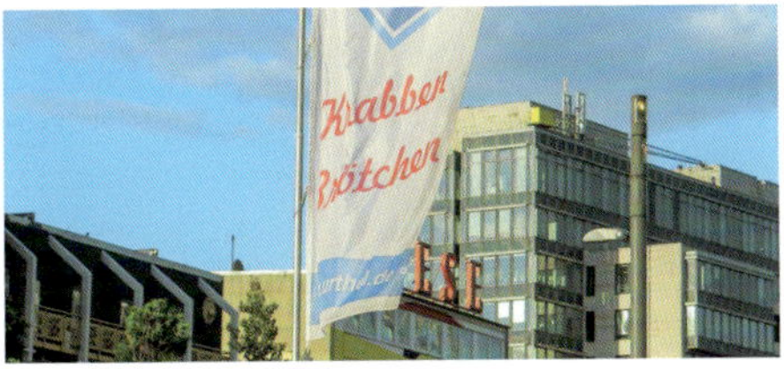

ELBE D'HUEZ

... Tagesbilanz auf dem Waseberg

#25

Auf den dritthöchsten Gipfel Hamburgs helfen Zuschauer den Radlern der Cyclassics ganz wie bei der Tour de France im Bergdorf Alpe d'Huez: mit Rasseln, Rufen und Tröten. An normalen Abenden lässt sich auf dem Waseberg der Tag in aller Ruhe Revue pasieren.

#aussichtsreich #Bergidyll #Vogelgezwitscher

Vom Bahnhof zum Waseberg sind es sechs Minuten, wie Bergziegen zockeln. Wahlweise auch 20 Minuten, wie Fußgänger schlendern. Ob man also auf den nächsten Kleinbus der legendären Linie 488 wartet, ist eine Frage von Stimmung und Kondition. Grundsätzlich ist Gehen in Blankenese zu empfehlen. Besonders an süßen Sommerabenden nach einem erschöpfenden Arbeitstag. Dann sind die 1,6 Kilometer über Blankeneser Landstraße, Sibbertstraße, Oesterleystraße genau richtig, um runterzukommen. Zu sich zu kommen. Also zur Ruhe. Erreicht ist diese spätestens, wo Villen sich an den Elbhang schmiegen und die Straße sich unter hohen Buchen zum dritthöchsten Gipfel der Hansestadt aufschwingt. Vom Aussichtsplateau scheint der profane Alltag ebenso entfernt wie die Ausflugsdampfer, Segelboote und Containerriesen weit unten auf der Elbe. Selbst erklärte Wasserratten sehnen sich dann ausnahmsweise nicht an Bord. Sie möchten bloß den Schiffen zusehen, wie sie nach Hamburg ziehen oder eben zur Nordsee hinaus; gemächlich wie die eigenen Gedanken. Da will man einfach nur sitzen bleiben. Eine Weile noch. Mehr braucht es ja gar nicht, um zufrieden zu sein. Das ist so eine Besonderheit des Wasebergs.

Dabei hat er eigentlich eine gruselige Geschichte, denn Waseberg kommt von Verwesen. Als auf dem benachbarten Süllberg noch eine Burg stand, wurden hier zum Tode Verurteilte gehängt. Seit Mitte des 19. Jahrhunderts heißt die Grünanlage auf dem Plateau »Bismarckstein«. Der damalige Besitzer des Geländes, Julius Richter, wollte hier ein Denkmal zu Ehren seines Freundes Otto von Bismarck errichten. Der Bankier und Mitbegründer der Holsten Brauerei plante es höher und mäch-

Weil das Geld für ein Bismarckdenkmal nicht schnell genug zusammenkam, ist heute Platz am Bismarckstein für einige der schönsten Ruhebänke mit Elbblick.

tiger als das Monument, das heute im Alten Elbpark über den Landungsbrücken thront. Gut, dass es nicht glückte. Und vermutlich ist es ebenso gut, dass der Aussichtsturm in den 1970er-Jahren verriegelt und verrammelt wurde. Könnte man ihn noch besteigen, ginge es wohl nicht so entspannt zu auf dem Waseberg. Dann wäre es wohl unmöglich, eine der vier Bänke ergattern. Aber so lässt sich in aller Stille überlegen, ob es noch ein Gipfel mehr sein soll heute Abend.

Bei Schnee und Eis wird etwa die Piste im benachbarten Schinckels Park präpariert. Dann kommen die Blankeneser zum »Rüschen«. Woanders nennt man das Rodeln. Aber da knallt man ja auch nicht in »Kreeks« über die Bahn, sehr flachen Schlitten, deren Geheimnisse im Bootsbau begründet liegen.

Der Polterberg im Westen läuft im Hochsommer zur Hochform auf. Im Juli und August bespielt das Theater N.N. das kleine Amphitheater im wundervollen römischen Garten. Gastronomische Höhen erklimmt man auf dem Süllberg donnerstags und freitags. Dort kann man sich – bis 19 Uhr und seit 1877 – in Schuldts Kaffeegarten sein mitgebrachtes Kaffeepulver aufbrühen lassen. Herzhaftes kredenzt einige Meter höher und einige Stunden länger Karlheinz Hauser in seinem Biergarten auf dem Süllberg.

Oder man bleibt einfach sitzen. Auf einer Ruhebank. 87 Meter über Normalhöhe Null. Und entkorkt das mitgebrachte Lieblingsgetränk.

FAZIT: RAUFKOMMEN, UM RUNTERZUKOMMEN. DAS FUNKTIONIERT AUF DEM WASEBERG WIE VON SELBST.

Hin & weg: Mit S1 oder S11 bis Blankenese, weiter mit Buslinie 448 zur Haltestelle Waseberg.

Beste Zeit: Im Sommer.

Dauer: 30–60 Min.

Ausrüstung: Sundowner.

STADT, STRAND, FLUSS

… am Hans-Leib-Ufer in Othmarschen

#26

Der Elbstrand ist kein Geheimtipp. Es kann dennoch nicht schaden, für den Besuch Knoten ins Taschentuch zu knüpfen. Damit nicht zu viel Wasser die Elbe hinunterfließt, bevor man ihr die nächste Aufwartung macht. So wie diverse Dichter und Denker.

#Elbvisite #aufDichtersSpurenimSand #angutenwieanschlechtenTagen

13 Kilometer Ferienstimmung. Der Elbstrand hat zwischen den Hotspots auch ruhigere Abschnitte zu bieten.

»In Hamburg lebten zwei Ameisen, die wollten nach Australien reisen. Bei Altona auf der Chaussee, da taten ihnen die Beine weh.« Darüber ist beinahe ganz Hamburg informiert. Nicht so bekannt ist vielleicht, dass den Krabblern ein kleines Denkmal gesetzt wurde. Die Skulptur befindet sich an der Ecke Elbchaussee/Liebermannstraße. Gar nicht weit von der Bushaltestelle entfernt. Dort wird auch klar, warum sie weise auf den letzten Teil der Reise verzichteten. Nur wenige Schritte stadteinwärts windet sich die Himmelsleiter zu den Strandlokalen hinunter, die Massen ans Ufer locken, allen voran die legendäre Strandperle. Wer sich wie in einer Urlaubshochburg zur Hochsaison fühlen möchte, ist hier richtig. Nicht umsonst wählte die New York Times den Hamburger Elbstrand zu den zehn schönsten Orten Europas am Wasser. Wer etwas anderes sucht, wird auf den folgenden 13 Kilometern bis zum Strand von Wittenbergen ebenfalls fündig. Die Ameisen beispielsweise sind vermutlich noch ein kleines Stück stadtauswärts gelaufen. 800 Meter, um genau zu sein. Viel-

Wenn die Sonne untergangen ist, knipst der Hafen seine Lichter an.

leicht sind sie auch mit dem Bus bis zur Haltestellte Halbmondsweg gefahren. Jedenfalls erreicht man hier über den Övelgönner Hohlweg die Ringelnatztreppe. Der Lyriker Peter Rühmkorf ist sie oft hinunterspaziert. Er lebte in der Nachbarschaft und wünschte: »Wo in diesem fluidalen Berufe ohnehin jeder jeden und jede beerbt (also alles soweit im Fluß) wünsche ich mir für die Tage nach Ladenschluß, nein, keinen Ordensstern, keine Ehrenschleppe, aber daß ihr vielleicht in die unterste Stufe der Ringelnatztreppe meinen Namen einkerbt.« Und so ist es 2019 geschehen.

Die Ringelnatztreppe führt zum Hans-Leip-Ufer, benannt nach einem wahren Allround-Künstler. Leip war Dichter, Grafiker, Maler, Bildhauer. Am bekanntesten wurde ein Lied, das er in der Nacht vom 3. auf den 4. April 1915 verfasste. Da saß er in einer Kaserne und sollte am Morgen zur russischen Front abfahren. Doch erst einen Krieg später und mit anderer Melodie wurde sein Song zum Millionenseller. Lilli Marleen kletterte sogar in den US-Charts auf Platz 13. Über den Elbstrand textete Leip: »Die stille Zuflucht – im Vertrauen – zeitmüder Schlemmer schöner Frauen, der Liebestrand, das Sonntagsbad, das Tanzlokal der großen Stadt.« Zwar meinte er damit den Strand von Blankenese. Doch als Liebesstrand kann auch der Abschnitt beim Alten Schweden, dem ältesten Findling Deutschlands, bezeichnet werden.

Allein ist man hier selten, aber doch bleibt die Stimmung zwischen Hindenburgpark und Schröders Elbpark entspannt und in der Brücke 10 im Strandhaus, einem Ableger der Fischbrötchen-Zentrale an den Landungsbrücken, ist meist noch ein Platz frei. Dort lässt

sich so herrlich der Tag verabschieden! Am liebsten natürlich an einem lauen Sommerabend in angenehmer Begleitung.

»Aber manchmal gibt es Zeiten, und sie liegen grauer als der graue Dunst Hamburgs über der uralten ewig jungen Elbe, dann sind der Mut und die Freude und die Kraft auf See geblieben, dann sind sie an fremden, kalten, wüsten Küsten verschollen. Dann sind sie überfällig, die Freude, der Mut und die Kraft.« Das schrieb Wolfang Borchert. Der viel zu früh verstorbene Verfasser des Heimkehrerdramas »Draußen vor der Tür« wusste aber, dass der große Fluss seine Hamburger auch in schweren Zeiten tragen kann. Er bekannte kurz vor seinem Tod in einem Brief: »Ich will keine Zeile mehr schreiben können, wenn ich nur mal über die Straße gehen dürfte, mal wieder Straßenbahn fahren – und an die Elbe gehen.«

FAZIT: JEDER STRAND, JEDES WETTER, JEDE STIMMUNG – DIE ELBSTRÄNDE GEHEN WIRKLICH IMMER.

Hin & weg: Buslinie 36 bis Liebermannstraße oder Halbmondsweg.

Beste Zeit: Das ganze Jahr über, optimal an einem warmen Sommerabend.

Dauer & Strecke: 1 Std. bis einen Abend und 1,5 km zu Fuß.

Ausrüstung: Je nach Wetter Mütze oder Regenhut respektive für Hansepoeten: Elbsegler und Südwester.

Alster-Rundfahrt
H18554

URLAUBS-GEFÜHLE

... an der Außenalster

#27

Statt ständig nach dem neusten Hotspot zu suchen, kann man auch die Klassiker anlaufen. Die ziehen nicht umsonst seit Urzeiten die unterschiedlichsten Menschen an. Das verinnerlicht man an einem Sommerabend auf dem Steg des Barca an der Alster.

#WasserhatfeineBalken #binaufmSonnendeck #Alsterdiamant

Hamburger haben eine besondere Beziehung zu hölzernen Stegen und schwankenden Pontons, Seebrücken, Kaianlagen - ach, einfach allem, was ins Wasser ragt. Innerhalb der Stadt fühlt sich dort für Hamburger selbst die kürzeste Pause wie Urlaub an. Und sogar ein Bootsanleger im entferntesten Winkel der Welt ein bisschen wie zu Hause. Darauf hat sich die Gastronomie in Hamburg seit Urzeiten eingerichtet. Mit Fährhäusern, Fischbrötchenbuden und erlesenen Speiselokalen.

Ein Klassiker ist das Barca. Der Bootsverleih/die Bar/das Cafè liegt schräg gegenüber des Hotel Atlantic. Das hatte hier einst eine Badestelle betrieben. Später wurde sie zur öffentlichen Badeanstalt ausgebaut und Lustufer genannt. Denn am Alsterufer zu lustwandeln lieben Hamburger schon immer. Bootstouren firmierten daher auch unter Lustfahrten. Lieh man sich im frühen 20. Jahrhundert eine Jolle beim Vorgänger des Barca aus, konnte es sein, dass sie von einem begabten Schwimmer namens Hans Albers ausgehändigt wurde. Dort wo der blonde Hans lange vor seiner Schauspielkarriere als Bootsjunge jobbte, befindet sich heute einer der entspanntesten Hangouts an der Alster.

Bereits beim ersten Schritt auf den Planken verschwindet der grässliche Verkehrslärm der vielbefahrenen Straße An der Alster vollkommen aus dem Bewusstsein. Die Welt ist nur noch Wasser, Himmel und weiße Segel. Urlaub eben. Rechts des Bootshäuschens reihen sich Tische. Links davon schnappt man sich einfach einen Deckchair. Oder viele, wenn man in der Gruppe kommt. Doch auch allein fühlt man sich im Barca nie deplatziert. Hamburg ist eine Medienstadt (nicht vergessen!) und dies ist

Hamburg after work: Den Streaming-Dienst übernimmt die Alster.

genau die richtige Adresse, um endlich einmal wieder in aller Ruhe in eine ansässige Tages- oder Wochenpublikation einzutauchen. Sollte sich einmal gar keine Sitzgelegenheit finden, kann man immer noch auf dem Steg selbst Platz nehmen, mit den Beinen baumeln und in die Sonne blinzeln. Angesichts der exklusiven Lage sind die Preise mehr als fair. Für den kleinen Hunger stehen Naschtüte und Laugenbrezel auf der Karte. Dafür holt man sich die Getränke gern selbst an der Ausgabe ab.

Das Barca liegt strategisch günstig. So super ist die Alster ja weithin nicht an die Bahn angeschlossen. Aber hierher braucht man vom Hauptbahnhof nur wenige Minuten und sogar die Sonne ist derart verliebt ins Barca, dass sie am Nachmittag Stunde um Stunde über dem Steg verweilt. Im Sommer versteht sich. Im Winter ist das Barca zwar auch geöffnet, doch für Glühgetränke eignet sich ein Klassiker in St. Georgs frecher Schwester besser.

St. Paulis schwimmender Wasserbahnhof, die Landungsbrücken, bieten mehr Schietwetterschutz. Bei vollkommener Windstille allerdings sollte man das Barca auch einmal zur kalten Jahreszeit beehren. Wenn die Leihboote Lichter tragen. Das ist dann sogar noch mehr als Urlaub. Es ist, als würde man aus Zeit und Realität heraustreten. Für einen Moment.

FAZIT: EINE STADT OHNE BOOTSANLEGER IST MÖGLICH. ABER NICHT HAMBURG.

Hin & weg: Alle U- und S-Bahnen zum Hauptbahnhof.

Beste Zeit: Sommer. Öffnungszeiten unter www.barca-hamburg.de

Dauer: 1–3 Stunden.

Ausrüstung: Sonnencreme mit sehr hohem Lichtschutzfaktor.

BONA_BERLIN

TASTE GALLERY HAMBURG

... im Oberhafen

#28

Wenn die Kantine mittags mal wieder nichts hergibt, schnappt man sich einen Apfel und spart sich die Kalorien für den Feierabend im Oberhafen auf. Es ist zwar schwer, sich zwischen Hafenküche und Hafenkantine zu entscheiden. Jedoch in jedem Fall richtig.

1884 wurde in Hamburg ein Comitee für die Errichtung von Volkskaffeehallen gegründet. Man hatte sich das in London abgeguckt. Dortige Arbeitgeber wussten zu berichten, dass Kaffee die Leistungsfähigkeit ihrer Arbeiter deutlich steigerte. Im Volksmund wurden die einfachen Speiselokale, die in den folgenden Jahren im gesamten Hafen aufpoppten »Kaffeeklappen« genannt, da Speisen und Getränke durch eine Klappe gereicht wurden. Die letzte ihrer Art, die Oberhafenkantine, kann längst als kleinstes Wahrzeichen der Stadt gelten und als einer der letzten Orte, wo man noch ein »Rundstück warm« bekommt.

Hanseaten behaupten, das Brötchen mit Braten sei mit den Auswanderer-Schiffen in die USA gelangt und sodann zum Nationalgericht avanciert. Auch Weißwürste kennt man an der Elbe schon länger als an der Isar. Napoleons Truppen brachten die luxuriöse Speise mit, als sie die Stadt 1806 besetzten. Und anders als in München darf man die Weißwurst in Hamburg auch am Abend verspeisen. Dass man im windschiefen Torhäuschen zum Oberhafen gern zu regionalen, saisonalen und nachhaltigen Zutaten greift, versteht sich in einem Kreativquartier fast von selbst.

So auch in der Hobenköök (plattdeutsch für Hafenküche). Die charmante Kombination aus Markthalle und Restaurant steht wie kaum eine andere Location für außergewöhnliche Küche mit bodenständigen Lebensmitteln. Was zum *Fröhstück*, *Middach* oder *Avend* serviert wird, ist immer frisch, meist aus der Region und in jedem Fall lecker. Das gilt auch für die Produkte, die meist ohne Zwischenhandel von rund 200 Erzeugern in die Markthalle geliefert werden. Ihre jeweilige Philosophie kann

In den langgezogenen Schuppen und Lagerhallen des Oberhafenquartiers haben ganz unterschiedliche Kreativ- und Kultur-Akteure Heimat gefunden.

man auf kleinen Infotafeln nachlesen. Wer es noch genauer wissen will, kommt zum Hobenschnack. Bei der Veranstaltungsreihe mit Drei-Gänge-Menü plaudern Lieferanten aus dem Nähkästchen. Woher kommt das, was gegessen wird? Wie wurde es produziert? Wer war daran beteiligt?

Die spannenden Schnacks sind mit ihrem Eintrittpreis zuzüglich der Getränke nicht zu teuer, aber natürlich nichts für jeden Abend. Da bietet sich eher die Konzertreihe »Musik und Stulle« an. Hier gibt's Abendbrote zwischen Gemüsekisten, untermalt von jungen Singer-Songwriter*innen.

Auch wenn die Abende im Kreativquartier am Rande der HafenCity mit der Pandemie leiser geworden sind, kann es nie schaden, nach dem Essen durch den Oberhafen zu bummeln. Das neue Normal hat die Kunst-, Kultur- und Kreativwirtschaft zwar besonders hart getroffen, andererseits steht die Szene wie keine andere für Wandel und Ideen. Irgendwas geht immer rund um die stillgelegten Bahngleise. Ein feines Jazzkonzert in der Halle 424, kollektives Abhängen auf den antiken Sofas der Hanseatischen Materialverwaltung, Independent Autokino, eine Ausstellung der Galerie Pfund & Dollar. Am besten, man guckt einfach regelmäßig vorbei. Und lässt sich überraschen.

FAZIT: IM OBERHAFEN GILT DAS WORT NOCH WAS UND KULINARISCHE VERSPRECHEN WERDEN GEHALTEN.

Hin & weg: U1 bis Meßberg.

Beste Zeit: Das ganze Jahr über. Warme lange Abende locken vor allem nach draußen. Öffnungszeiten, Termine und Entrittpreise findet man auf hobenkoeoek.de

Dauer: 2 Std. Oder 3.

Ausrüstung: Warm anziehen, für einen Platz an der frischen Luft. Oder reservieren.

HER
MAJESTY
FLOWERS
TASCHEN

AND WHAT ABOUT TEA?

... am Ottensener Eaton Place

#29

Im Zweiten Weltkrieg ließ die britische Regierung Plakate drucken mit der Inschrift »Keep calm and carry on«. Denn Gelassenheit gehört im Vereinten Königreich ebenso zum guten Ton wie exzellenter Tee. Und so ist es auch in einem Tearoom nahe der Elbe.

Runterkommen und Tee trinken: Das geht in Hamburg nirgends so stilecht wie im zauberhaften Eaton Place.

Weißer Stuck trifft auf tiefseeblaue Decken und zartblaugoldene Tapeten. Auf einem Bildband im Wandregal deutet eine sehr junge Queen ein Lächeln an. Klaviermusik weht durch den Raum und durch das geöffnete Fenster zum Hinterhof dringt leises Vogelgezwitscher – vom Band. Alles *very british indeed*.

Kitschig auf die Art, an der man sich kaum sattsehen kann, die man nur im United Kingdom findet und die augenblicklich ins Empire versetzt. Eintauchen in eine andere Zeit und in »Das Haus am Eaton Place«, eine ungeheuer beliebte Fernsehserie aus den Siebzigern, die Jahrzehnte später nicht nur die Macher von »Downton Abbey« deutlich inspirierte, sondern auch die Betreiber des Eaton Place. Nicht im noblen Stadtteil Belgravia gelegen, aber die Bellamys und ihre Hausangestellten trifft man auch in Ottensen. Zum Beispiel bei der Auswahl des Tees, für die man sich Zeit nehmen sollte.

16 eigene Mischungen stehen auf der Karte, aufgeteilt nach Linien von Lady Marjories Darjeelings über Mr. Hudsons Roiboos-Varianten bis zu den Kräuter- und Früchtetees von Mrs. Bridget. Darf es ein Forest Citrus sein, serviert in der Silberkanne, oder lieber ein Peppermint After Eight? Das kommt darauf an, ob der Tee zum Carrot Cake passen soll oder pikante Bacon-Scones bevorzugt werden. Vielleicht ja auch Petit Fours, zu zauberhaft, um reinzubeißen? Oder dreierlei Sandwich, von denen eines köstlicher schmeckt als das andere.

Die Empfehlung lautet, von rechts nach links zu essen, beginnend mit dem Gurkensandwich. Dessen feine Note könnte untergehen, wenn man zuvor schon die Geschmacksexplo-

sion von geriebenem Red Cheddar mit Mango Chilly Chutney erlebt hätte.

Wer angesichts der Auswahl eine gewisse Entscheidungsschwäche entwickelt, ist mit dem klassischem Afternoon Tea gut beraten. Dabei werden süße und herzhafte Spezialitäten auf einer dreistufigen Etagere gereicht und man darf sich durch verschiedene Teesorten probieren. Die Zeremonie bedarf der Vorbestellung (www.eaton-place.de). Genau wie der High Tea am letzten Donnerstag des Monats. Während der Afternoon Tea die Zeit zwischen Lunch und Dinner verkürzen soll, stellt der High Tea ein vollständiges Abendbrot dar. Er wird ab 18 Uhr in geschlossener Gesellschaft serviert, zu bestimmten Terminen auch untermalt von Musik oder Lesungen von Jane Austen bis Charles Dickens. Und wenn mal alle Termine ausverkauft sind? Abwarten. Und Tee trinken.

FAZIT: ERSTE ADRESSE FÜR TEA FOR TWO, DINNER FOR ONE ODER HIGH TEA MIT LIVEMUSIK ODER LESUNG.

Hin & weg: S1, 11, 2, 21, 3 oder 31 sowie diverse Buslinien nach Altona.

Beste Zeit: Herbst und Winter.

Dauer: 60 Min.

Ausrüstung: Übersetzungsapp für die Coffee bzw. Tea Table Books.

SEEMANNS-SCHMAUS

... in St. Georg

#30

Es geht das Gerücht, dass in Hamburg noch immer Menschen leben, die sich niemals an Labskaus herangetraut haben. Dabei ist das Seefahrergericht ein echter Seelenschmeichler. Genau das Richtige für grieselgraue Tage zwischen Herbstbeginn und Winterende.

#formfollowsfunction #RollmopsSchubidu #BierdazuSchnapsdanach

Zugegeben, nur wenige verlieben sich in Labskaus auf den ersten Blick. Aber am Ende kommt es eben doch auf den Charakter an.

Waren es Engländer, die *Lob's Course* erfanden? Oder wurde in Dänemark das erste *Skipperlobskovs* gekocht? Vielleicht kommt *labs kauss* auch aus Lettland? Niemand weiß es. Und es ist auch ganz egal. Das Meer kennt ja bekanntlich keine Grenzen. Irgendein Smutje der Internationalen Seefahrergemeinschaft hat eben damit angefangen, Pökelfleisch mit Kartoffeln und roter Bete zu vermengen, was optisch durchaus schwierig ist, aber verdammt gut schmeckt. Daher schwappte die Seefahrerspeise aus den internationalen Kombüsen in die Armeleuteküchen der Nord- und Ostseeländer. Entwickelte sich regional unterschiedlich, nicht bloß in Nuancen, sondern fundamental. So wie der Ursprung im Dunkeln liegt, existiert auch kein Original-Rezept für Labskaus.

Allerdings: Hamburger Labskaus sollte schmecken wie in der Bierstube Nagel (restaurant-kneipe-hamburg.de) in der Kirchenallee. Nicht neu interpretiert, sondern wie bei Oma. Und das schon seit 1926. Nicht, dass Nagel so ein junger Hüpfer von nicht einmal hundert Jahren wäre. Die ehemalige Bodega ist viel, viel älter. 1848 als Weinhandlung gegründet, war Nagel bis zum Zweiten Weltkrieg eine der größten Handelsketten der Stadt. Man hat hier also Erfahrung mit Hamburgensien und weiß: der Rollmops gehört dazu. Jedoch als Extra. Nicht untergerührt, wie man es in Lübeck macht.

Labskaus ist ein Fleischgericht. Wer's nicht glaubt, kann ja bei den Experten nachfragen. Im Old Commercial Room (www.oldcommercialroom.de) gleich beim Michel, wo für jeden Tisch eine eigene VIP-Liste geführt wird und Labskaus der Legende nach schon seit 1795 auf der Karte steht. Als Hamburger muss man es hier auf jeden Fall einmal probiert haben.

Allerdings ist der Besuch hier doch eher für einen besonderen Anlass geeignet, da durchaus hochpreisig.

Für den Alltag, gibt es die Bierstube Nagel. Vielleicht für einen, an dem es nicht besonders gut gelaufen ist und/oder der wochenlang graue Himmel allmählich aufs Gemüt drückt. Dann schlingt man sich einen zweiten Schal um den Hals, stapft durch die farblose Stadt, je länger, desto tröstlicher das Gefühl beim Betreten des schummrigen Gastraums mit ordentlich Patina gegenüber vom Hauptbahnhof. Dort tauchen rustikale Wandlampen im altdeutschen Stil die Nischen in Gemütlichkeit. Wirft Hans Albers seinen berühmten Blick von der Wand. Mischt sich das Stimmengewirr von Stammgästen mit den Dialekten der Touristen. Schmeckt das Labskaus wie Nach-Hause-Kommen. Und so soll das sein.

FAZIT: WIE LABSKAUS SCHMECKT? TRÖSTLICH, LEICHT ERDIG, IM ABGANG LEIB UND SEELE ERWÄRMEND.

Hin & weg: Alle U- und S-Bahnen zum/vom Hauptbahnhof.

Beste Zeit: Herbst und Winter.

Dauer & Strecke: Nur 100 m vom Hauptbahnhof eine gute Stunde wohlfühlen.

Ausrüstung: Smartphone fürs Foodfoto.

HORIZONT ERWEITERN

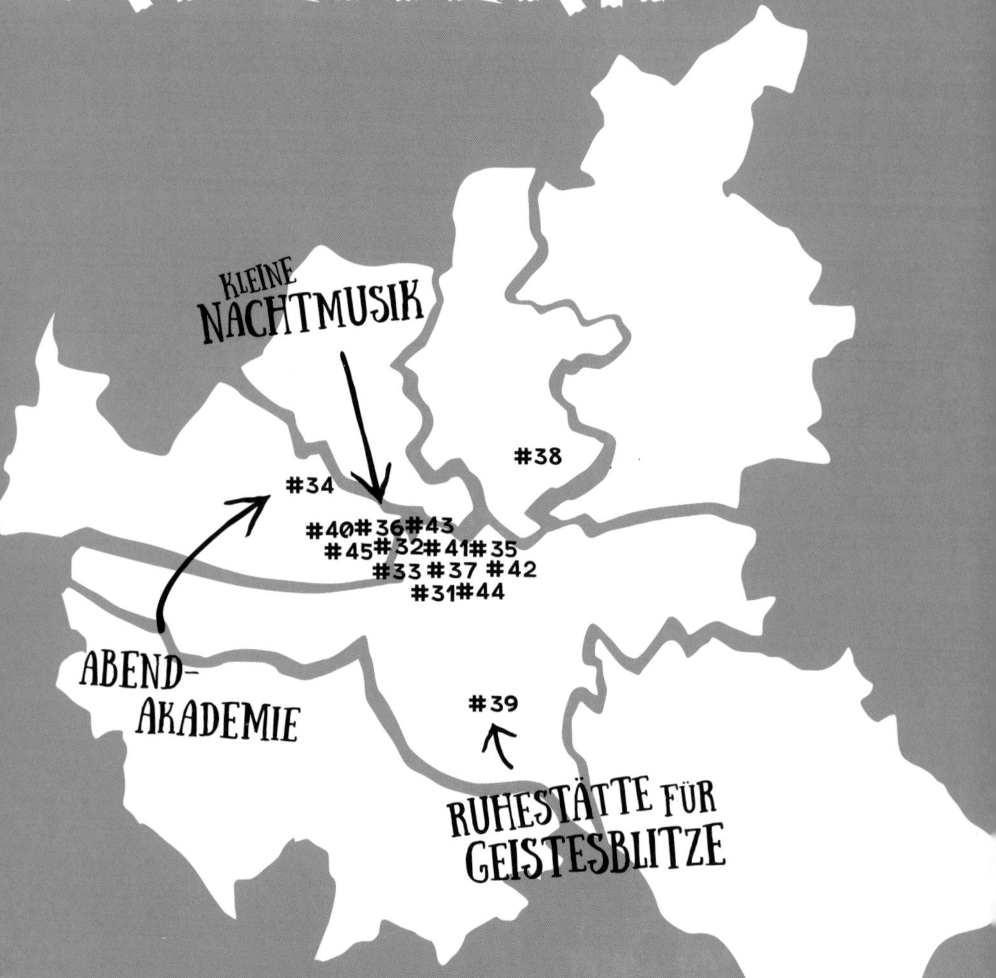

Kunst- und Kulturhäppchen

Als Tourist mit Insiderwissen die eigene Stadt entdecken, zum typischen Hamburg-Sound wippen, die hanseatische Kreativszene aufmischen – das Tor zu Kunst und Kultur steht jeden Abend offen.

HOPS REIN, HOPS RAUS

… die Buslinie 111

#31

Zwischen der HafenCity und Altona liegen etliche Touristenmagnete und unzählige nicht ganz so bekannter Sehenswürdigkeiten. Das macht die Buslinie 111 zu einer wahren Sightseeing-Tour. Zumeist am Wasser, bis in die Abendstunden und zum HVV-Tarif.

#stopandgo #Wasserlinie #Stadtgeschichte(n)

»Eine Sehenswürdigkeit ersten Ranges« titelten die Altonaer Nachrichten, als der Stuhlmannbrunnen am 01. Juni 1901 um Schlag 12 zu sprudeln begann. Halb Altona soll auf den Beinen gewesen sein, um sich am Kampf der Zentauren, den Wasserspielen von Nixe, Triton, Echsen und anderen Fabelwesen zu berauschen. Was vor über hundert Jahren als programmfüllendes Sonntagsziel galt, findet heute auf dem »Sehenswürdigkeiten-Fahrplan« der Linie 111 nicht einmal mehr Erwähnung. Zu groß ist die Strahlkraft der 17 Top-Attraktionen, die der Bus auf der Hafenrandfahrt von Altona in die HafenCity passiert.

Im Schnitt steuert die Linie 111 alle 111 Sekunden ein Highlight an, behauptet die Hochbahn. Doch das ist maßlos untertrieben. Fischauktionshalle, Davidstraße, Landungsbrücken. Schon der Fahrplan liest sich wie ein Reiseführer. Lässt man sich bloß chauffieren, dauert die Tour eine gute halbe Stunde. Als Hop-on-Hop-off-Tour mag schon zwischen zwei Stationen ein Abend spielend vergehen. Zumal an den Haltestellen Sightseeing-Tipps per QR-Code angefordert werden können. Manche Sehenswürdigkeit ist einem vielleicht so bekannt, dass man sie überspringen mag. Andere hat man noch nie ausgiebig betrachtet oder viel zu lange nicht besucht. Und oft interessiert das, was zwischen zwei Stopps liegt, am allermeisten. Dann geht es von einer Station zur nächsten zu Fuß.

Beim Start in Altona lohnt es sich beispielsweise gar nicht erst, in den 111er zu steigen. Es sind nur einige Schritte bis zur ersten Sehenswürdigkeit, dem Platz der Republik. Am nördlichen Ende schießt die Hauptfontäne des eingangs erwähnten Stuhlmannbrunnens

Die Linie 111 steuert alle 111 Sekunden etwas typisch Hamburgisches an. Was, verrät der »Sehenswürdigkeiten-Fahrplan«.

aus einem Fischmaul in den Himmel. Wer sich auf den Infotafeln in die Odyssee der monumentalen Brunnenanlage einliest, staunt. Mehrmals wechselte sie den Standort und der Platz, der bei der Einweihung noch Kaiserplatz hieß, hat nicht nur seinen Namen wieder und wieder geändert.

Einst von historisierenden Prachtbauten umstanden, aber ohne jegliches Grün, zeigt sich die 500 Meter lange Parkanlage heute als lauschiger Lieblingsplatz der Petanque-Gemeinde. Gespielt wird nicht nur auf der Boule-Bahn, sondern auf so gut wie allen Sandwegen am Platz der Republik. Seiner Form kann man noch entnehmen, dass hier einst Eisenbahnschienen verliefen – direkt auf den alten Bahnhof zu. In dem neoklassizistischen Prachtbau befindet sich heute das Altonaer Rathaus, das besonders bei Brautpaaren hoch im Kurs steht. Beim Kaiser-Denkmal lohnt ein Blick in den Untergrund auf das Kornblumenmosaik. Es wurde vor mehr als 40 Jahren zugeschüttet und geriet bis 2014 in Vergessenheit. Aus Kostengründen wurde nur ein kleiner Teil wieder freigelegt und kann seitdem durch ein Bodenfenster bewundert werden.

Im Anschluss könnte man nun wirklich in den 111er steigen. Er hält direkt vorm Rathaus in der Max-Brauer-Allee und fährt bis 23 Uhr im Zwanzig-Minuten-Takt. Oder man läuft gleich zu Fuß zum Abendbrot – über den Elbberg hinunter zu den Fischläden, Fischbratküchen und Fischrestaurants an der Großen Elbstraße.

FAZIT: TOLLE HAMBURG-EINDRÜCKE – IN EINEM RUTSCH ODER ÜBER ABENDE UND ABENDE VERTEILT.

Hin & weg: Mit der S1, 11, 2, 21, 3 oder 31 nach Altona. Alternativ mit dem Bus.

Beste Zeit: Immer – sogar bei Regen.

Dauer: Eine gute halbe Stunde Fahrt. Mit Aussteigen oder gar nicht erst einsteigen beliebig verlängerbar.

Ausrüstung: Sehenswürdigkeiten-Fahrplan Linie 111 unter www.hochbahn.de

---

ALLES SO SCHÖN BUNT HIER

… im Gängeviertel

#32

*Komm in die Gänge: zu Ausstellungen, Partys, Lesungen, Konzerten oder nur für einen ersten Eindruck. Im inspirierenden Miniquartier in der Innenstadt sind alle willkommen. Das gilt für Anwohner*innen, Künstler*innen und Besucher*innen gleichermaßen.*

#Stadtentwicklung #Ledroitàlaville #urbaneUtopien #KulturLabor

Früher ein Slum, heute selbstverwaltet und solidarisch. Im Gängeviertel ist jede und jeder (fast) überall willkommen.

Für die einen sind es nur zwölf Häuser. Für die anderen ist es eine wahrgewordene Utopie. Und die Dritten bewundern das Gängeviertel als letztes städtebauliches Zeugnis des alten Hamburgs. So eng wie das kleine Quartier zwischen Valentinskamp, Caffamacherreihe und Speckstraße war früher ein Großteil der Alt- und Neustadt bebaut. Mitte des 19. Jahrhunderts gab es innerhalb der Stadtmauern so gut wie keine freie Fläche mehr. Doch in den Gängen fand sich noch immer eine Möglichkeit aufzustocken.

Heute scheinen die letzten erhaltenen Fachwerkhäuser im Bäckerbreitergang idyllisch. Ursprünglich aber waren die Gänge Elendsquartiere, dicht besiedelt, zu schmal für Wagen oder auch nur Karren – ohne Licht, Luft oder gar sanitäre Anlagen. Neben der unerträglichen Enge kämpften die Anwohner*innen mit Alkohol, Prostitution und Kriminalität. Als die Cholera in der Stadt wütete, wurden die Zustände endgültig untragbar. Robert Koch schrieb 1892 an den Kaiser: »Eure Hoheit, ich vergesse, dass ich in Europa bin.«

Toll bebildert und spannend erzählt: Die Außen-Ausstellung wurde vom Vor-Gänge Museum realisiert und zieht sich durch das gesamte Gängeviertel.

Die Stadt reagierte mit Sanierungsmaßnahmen. Schon damals bedeutete es nichts als Abriss und Vertreibung der Bevölkerung. Wohnraum in den neuen, großzügigeren Häusern konnten sich die Bewohner der Gänge nicht leisten. Zehntausende standen von heute auf morgen auf der Straße – und erhöhten den Druck auf die verbliebenen Gängeviertel. Wer dort nichts fand, musste rausziehen. In die neu entstehenden Arbeitersiedlungen auf der Veddel oder in Barmbek. Eine U-Bahn gab es allerdings nicht. Das bedeutete für die Hafenarbeiter stundenlange Märsche vor Schichtbeginn und nach zwölf Stunden harter Arbeit. Wer in den völlig überbevölkerten Gängen blieb, war nicht viel besser dran. Die Mieten schnürten der Bevölkerung die Luft ab, denn man überließ sie weitgehend dem Markt. So war Wucher keine Seltenheit. Und doch war es den Investoren noch immer zu wenig. Mit den Jahren wurden die typischen Quartiere der Arbeiterschaft ausradiert. Die Weltkriege und die Nazis halfen kräftig mit.

Überlebt haben nur die Krameramtsstuben beim Michel. Hübsch saniert ist der Hinterhof mit Souvenirshops, Gastronomie und Museum ein beliebter Touristenspot, den sich auch Hamburger*innen nicht entgehen lassen sollten. Aber es ist eben eher ein musealer Ort. Ganz im Gegenteil zum Gängeviertel, das sich als Spielplatz für alle definiert und ausdrücklich zum Besuch und Mitmachen einlädt. Es gibt immer noch Zeitungen, die die Initiative »Komm in die Gänge« als Hausbesetzer-Clique tituliert. Die Aktivistinnen und Aktivisten sprechen von »kultureller Inbesitznahme«.

Was am 22. August 2009 mit einer Party für alle begann, ist längst legitimiert. Damals wa-

ren die Häuser zum Abriss freigegeben, obwohl sie doch schon seit den 1950er-Jahren unter Denkmalschutz standen. Heute ist auch der Senat glücklich darüber, dass Künstler und Kreative, Architekten und Anwohner sich ihr Recht auf Stadt nicht nehmen ließen. Seit 2019 gibt ein Erbbaurechtsvertrag der inzwischen gegründeten Genossenschaft die nötige Sicherheit, um das Areal weiterhin als Raum der Möglichkeiten zu sichern. Dass das ohne eine breite Öffentlichkeit nicht geklappt hätte, ist im Gängeviertel Konsens. Berührungsängste braucht darum niemand zu empfinden. Noch immer gilt der Aufruf der ersten Stunde: »Komm in die Gänge«. Um durch Galerien zu treiben oder nur zu gucken, in der Sonne zu sitzen, Musik zu hören, einen Drink zu nehmen oder die Fotos und Texte an den Hauswänden zu studieren, die von Vergangenheit, Zukunft und dem bunten Heute im Gängeviertel erzählen.

FAZIT: DURCH MANCHE VIERTEL MUSS MAN SICH TREIBEN LASSEN – DAS GÄNGEVIERTEL GEHÖRT DAZU.

Hin & weg: U2 bis Gänsemarkt.

Beste Zeit: Bei Sonnenschein.

Dauer: Eine Dreiviertelstunde, falls gerade nichts Besonderes los ist. Sonst länger.

Ausrüstung: Nur eine Prise Offenheit.

Hier gärtnern
Hermann &

FEIERABEND FOR FUTURE

... Umweltrallye unterm Michel

#33

Die Touren der kostenlosen Entdecker-routen-App führen zu besonderen Orten und Sehenswürdigkeiten in der Metropolregion Hamburg. Im ständig wachsenden Angebot sind Radtouren, Wandertouren, Stadtführungen, Spaziergänge und die Umweltrallye am Hafenrand.

#Zukunft #Umwelt #Klimawandel #esgibtnichtsGutesaußermantutes

Diese Tour startet an den Landungsbrücken. Ausnahmsweise jedoch nicht, um sich selbst dafür zu feiern, dass man in Hamburg lebt. Sondern um den Blick auf Moorburg zu richten. Konkret auf die ewige Rauchwolke, weit drüben auf der anderen Elbseite, wo das Kohlekraftwerk munter Treibhausgase produziert. Die Problematik ist bekannt. Und so schwindelerregend vielschichtig, dass man nur allzu gern die Augen verschließt. Aber heute werden stattdessen die Zähne zusammengebissen und die Ohren aufgesperrt. Es geht auf Umweltrallye mitten in Hamburg.

Eine App lotst zu elf Stationen am Hafen und in der südlichen Neustadt. Dort werden lokale, regionale und globale Aspekte des Umweltschutzes und Herausforderungen des Klimawandels thematisiert. Denn die funkelnagelneue Elb-Promenade, Station 2, ist doch viel zu schön, als dass man sie vom steigenden Meeresspiegel überspülen lassen wollte. Da möchte man doch etwas tun. Was? Damit beschäftigt sich der 2,5 Kilometer lange Rundkurs ganz konkret. Dabei sind die großen Zukunftsfragen, die von der Politik beantwortet werden müssen, genauso wichtig wie der Beitrag, den jeder Einzelne leisten kann. So gibt es unterwegs etwa Tipps zur Vermeidung von Palmöl oder Plastikmüll.

Nachhaltiger Konsum ist keine milde Tat, sondern dient immer auch dem eigenen Wohlbefinden. Das verdeutlicht die App auf vielen Stationen. Obwohl Hamburg etwa über eine der modernsten Klärwasseranlagen Deutschlands verfügt, ist es auch hier nicht möglich, Mikroplastik aus dem Abwasser zu filtern. Der britische Ingenieur William Lindley, der das Abwassersystem der Stadt vor 180 Jah-

Unbedingt vormerken für einen sonnigen Abend, an dem niemand sonst Zeit hat: Die Entdeckerrouten-App ist eine gute Begleitung.

ren plante, konnte sich noch auf handfestere Stoffe konzentrieren. Doch auch er war schon damit konfrontiert, dass wichtige Entscheider, sich partout nicht mit unangenehmen Dingen beschäftigen wollten.

So lernt man bei der Umweltrallye ein edles Gemäuerchen mit roten Dachschindeln kennen, das eigens dafür konzipiert war, Kaiser Wilhelm II. einen angenehmen Einstieg in die Abwasserwelt zu ermöglichen. Er wollte 1904 das neue Stammsiel inspizieren, das bis heute seine Dienste tut. Wegsehen war schon immer ein Privileg der Wohlhabenden. Ist auf Dauer aber eben auch keine Lösung.

So mag es nett sein, sein Leben auf der Michelwiese, Station 7, zu chillen und den Alugrill anzuschmeißen. Aber wer möchte, dass morgen noch Schmetterlinge, Bienen und Vögel in Hamburg leben, sollte lieber im benachbarten Venusgarten Hand anlegen. Überhaupt Grillen. Mit dem unersättlichen Fleischhunger der Stadt beschäftigt sich die vorletzte Station. Und weil die allerletzte Station dann doch noch Hoffnung auf die Zukunft macht, erreicht man die Landungsbrücken nicht deprimiert, sondern bewusster. Als Abendimbiss kommt jetzt nur ein Fischbrötchen in Frage, das WWF wie Greenpeace gleichermaßen empfehlen. Bratheringe darf man noch unbesorgt essen.

FAZIT: SOLO-ESKAPADE MIT MEHRWERT UND EINEM GANZ NEUEN BLICK AUF DAS PORTUGIESENVIERTEL.

Hin & weg: Mit der U3 oder der S1, 2 oder 3 bis Landungsbrücken.

Beste Zeit: Ganzjährig

Dauer & Strecke: 1 Std. und 2,5 km

Ausrüstung: Smartphone, App über www.entdeckerrouten.org/umweltrallye-hamburg

---

NATUR-TALENTE

... der Schulgarten im Volkspark

#34

Weiterbildung gilt in der modernen Arbeitswelt als selbstverständlich. Nach dem Job noch zu lernen ist aber auch nicht jedermanns Sache. Außer im Schulgarten des Volksparks in Bahrenfeld. Dort fliegen einem die Skills zu wie Löwenzahnschirmchen.

#abindieAbendschule #Bildungsreform #FreizeitparkfürSensitive

Bis 1938 gehörte Altona zu Schleswig-Holstein. Das steinerne Modell bildet die Entfernungen im nördlichsten Bundesland nach.

Damals, als es noch einen künstlichen Paddelsee gab im Volkspark, ein Luftbad, ein mit Grundwasser gespeistes Schwimmbecken und eine Schlangengrube mit echtem Getier, war es noch vollkommen selbstverständlich, dass alle Schüler Altonas den Zentralen Schulgarten als Lernort nutzten. Sie hatten naturkundliche Experimentierfelder auch bitter nötig. Altona war damals die am dichtesten besiedelte Stadt im ganzen Land und Grün entsprechend Mangelware. Also ließ Parkdirektor Ferdinand Tutenberg ein malerisches Unterrichtsgebäude aus Holz im Reformgarten errichten und öffnete seine Türen auch den Erwachsenen zur praktischen und künstlerischen Auseinandersetzung mit der Natur. Zugegeben, auf die ideologische Prägung der landesweiten Volksparkbewegung des beginnenden 20. Jahrhunderts mag man heute gern verzichten. Doch grundlegende Ziele der Reformpädagogik, wie das Streben nach Schönheit, Natürlichkeit und innerer Wahrhaftigkeit, lässt sich im Schulgarten noch immer prima trainieren. Wo es selten überfüllt ist, niemand

Dank großzügiger Privatspenden wieder ein Juwel: der zentrale Pavillon aus den 1920er-Jahren.

grillt oder Fußball spielt, sind kontemplative Erfahrungen eine ganz leichte Übung. Dafür braucht es nur eine sonnenbeschienene Bank und einen sanften Sommerwind, der durch die wilde Kamillenwiese geht. Beim Betrachten der Bienen, die von Blüte zu Blüte schwärmen, bekommt man so eine Ahnung, was Work-Life-Balance meint.

Einen Blick in die Kunstgeschichte vermittelt der zentrale Pavillon. Alle Wege des geometrisch angelegten Schulgartens führen auf das Kleinod zu. Die acht Säulen wirken wie Rahmen für ganz unterschiedliche Bilder. Eine Sichtachse lenkt den Blick auf den Pinguin-Brunnen von 1925. Niemand weiß, wer ihn geschaffen hat. Die anderen Motive wecken Interesse an Botanik mit bunten Stauden, sattgrünen Gräsern und Blumen in allen Farben des Spektrums. Falls man nicht die Bohne davon versteht, kann man zudem seine Fähigkeiten im Zuhören schärfen. Besonderes Expertenwissen darf man von älteren Damen und Paaren erwarten. Da sind immer welche, die einander Fachvokabular zuwerfen. Und falls man seine Kommunikationsfähigkeiten in Bezug auf Small Talk erweitern möchte: Dies ist der Moment.

Selbst Geografie steht auf dem Stundenplan. Das Schleswig-Holstein-Modell stellt die Entfernungen der ehemaligen Stadt Altona zu den Nachbarstädten im nördlichsten Bundesland dar. Das war wohl früher eindrucksvoller, als

Bunte Stauden, üppige Rosen und kunstvoll geschnittene Hecken bilden einen wunderbaren Kontrast zum Wald.

das Modell noch aus Grünzeug bestand und nicht wie heute aus Betonscheiben. Und ehrlich gesagt, ist der Loki-Schmidt-Garten in puncto Pflanzengeografie deutlich interessanter. Dort kann man in einer Stunde durch alle Klimazonen der Erde spazieren!

Dafür ist die Wegführung im Altonaer Schulgarten ein echt gelungenes Beispiel für Inklusion, leicht zu begehen oder mit dem Rollstuhl zu befahren. Und falls die Wissbegier am Ende aller Wege noch immer nicht gestillt ist, nimmt man sich einfach einen anderen Teil des Volksparks vor. Den Tutenberg, den Waldlehrpfad, das Heckentheater, den Dahliengarten oder eine andere Ecke der größten öffentlichen Parkanlage Hamburgs.

FAZIT: KLEINER AUSSCHNITT EINER GROẞEN PARKANLAGE. ES LOHNT SICH IN JEDER BEZIEHUNG.

Hin & weg: Buslinien 2 oder 3 zur Luruper Chaussee.

Beste Zeit: Mai bis Oktober.

Dauer: 30–45 Min.

Ausrüstung: Zeichenutensilien.

die eigene GESCHICH

SINFONIE DER GROß-STADT

... am Hauptbahnhof

#35

Zwischen Altona und Harburg fällt der Blick S-Bahn-Reisender drei Mal auf »Die eigene Geschichte«. Eben noch in Gedanken versunken, verhilft der knallgelbe Schriftzug zur nötigen Bewusstheit, die Kulisse des eigenen Films ganz neu wahrzunehmen.

#Achtsamkeit #hinschauen #DenkMal

Selbst die Lichter einer Großstadt verblassen bei Routine. Wenn die immer gleichen Wege und immer gleichen Leute Lebensgefühl und Actionquotienten auf Kleinstadtniveau schrumpfen lassen und bloß noch die exorbitante Miete daran erinnert, dass man in einer Metropole lebt, hilft bewusstes Hinschauen.

Das kann man immer üben. Auch spontan auf dem Nachhausweg, wenn die sonore Stimme aus dem Off ankündigt: Nächster Halt – Hauptbahnhof.

Wie nehmen Reisende wohl den Punkt wahr, der Einheimischen oft nur ein Drehkreuz ist? Wo man bloß umsteigt, schnell, schnell, zuvor vielleicht noch in den letzten geöffneten Supermarkt huscht. Genervt in der Regel. Weil man nach Hause will. Die Sache hinter sich bringen. Aber wenn man das einmal nicht macht. Wenn man sich einmal eine halbe Stunde Zeit nimmt, um den meist frequentierten Fernbahnhof Deutschlands anzusehen, als wäre es das erste Mal, schärft sich der Blick für die Großstadtszenerie und ihre beinahe zwei Millionen Hauptdarsteller.

Am besten, man beginnt in der Wandelhalle. Im Obergeschoss zwischen zwei Schnellrestaurants befindet sich eine Plattform, von der man einen herrlichen Blick auf die Bahnsteighalle hat. Sie ist gewaltig. Eine kühne Eisenfachwerkkonstruktion. 150 Meter lang, 114 Meter breit und 37 Meter hoch. Architektonisch angelehnt an die Pariser Galeries de Machines, die zu den Weltausstellungen 1867, 1878 und 1889 entstanden. Noch etwas, in dem Hamburg Frankreichs Hauptstadt nacheifert, ist das immense Fahrgastaufkommen – nur der Bahnhof Paris-Nord überflügelt in Eu-

Wer hinguckt, erfährt die alte Pracht des Hauptbahnhofs. Und die Schattenseiten einer großen Stadt.

ropa den Hamburger Hauptbahnhof. 530 000 Menschen fluten ihn Tag für Tag.

Beim Blumenladen Petzold im Erdgeschoss lässt sich noch die einst repräsentative Gestaltung erahnen. Früher befanden sich hier die Wartehallen der Klassen I–IV. Heute bietet die Bundesbahn nur noch Zugreisenden der ersten Klasse die Möglichkeit, Wartezeiten behaglich zu überbrücken. Bei wem es nur für das billigste Billet reicht, der muss sich aber nicht grämen. In der Buchhandlung am Ausgang zum Glockengießerwall hat ein Zeitungsverlag eine Lounge eingerichtet. Dort kann man in gemütlichen Sofas und Sesseln in Print-, Digital- und Audiomedien eintauchen. Wer es noch ruhiger mag, macht sich auf die Suche nach dem »Raum der Stille«. Er befindet sich am Südsteg und viele, die täglich daran vorübergehen, ahnen nichts von seiner Existenz.

Anderes ist wohlbekannt, aber nicht immer lässt man es an sich heran. Zu hart ist das Elend rund um das Bahnhofsgebäude. Umso großzügiger darf die Spende am Gabenzaun beim Heidi-Kabel-Platz ausfallen. Die ehrenamtlichen Mutmacher der Obdachlosenhilfe sind für ihre Zaungäste in doppelter Hinsicht überlebenswichtig. Soziale Kontakte brauchen Wohnungslose und Gestrandete mindestens ebenso dringend wie Sachspenden. Ein Tag, an dem man eine Gabe gut verpackt am Zaun befestigt, damit sie bei Regen nicht nass wird, ist ein guter Tag. Was besonders benötigt wird, ist auf der Seite www.hamburger-gabenzaun.de nachzulesen.

FAZIT: GEDANKEN, UMWELT UND MITMENSCHEN BEWUSST WAHRZUNEHMEN STÄRKT CHARAKTER UND SEELE.

Hin & weg: Alle U- und S-Bahnen zum/vom Hauptbahnhof.

Beste Zeit: Jederzeit.

Dauer: 30–45 Min.

Ausrüstung: Reisetagebuch.

KNUST
LEISE

HIER SPIELT DIE MUSIK

… auf dem Lattenplatz im Karoviertel

#36

Auf dem Gelände der Alten Rinderschlachthalle, dem gefühlten Übergang vom Schanzen- zum Karolinenviertel, ist der Sommer süß und die Musik hervorragend. Dafür sorgt das Knust seit mehr als einem Jahrzehnt. In guten wie in anderen Zeiten.

#keepcoolandrockon #Sommersessions #Gänsehautmomente

Verschiedene Studien haben belegt, dass Musik glücklich macht. Livemusik macht sogar noch glücklicher. Regelmäßig genossen wirken Konzerte gesundheitsfördernd, manche Experten behaupten gar lebensverlängernd. Und dabei soll es nicht einmal von Bedeutung sein, ob gerade die Lieblingsband spielt oder überhaupt das bevorzugte Genre getroffen wird. Man kann das in diversen wissenschaftlichen Aufsätzen im Netz nachlesen. Oder einfach auf den Lattenplatz gehen. Zum Praxistest.

Auf dem Areal der ehemaligen Rinderschlachthalle finden in den Sommermonaten immer mittwochs die Knust Acoustics statt. Dann stehen in den frühen Abendstunden drei Sets à 30 Minuten auf dem Programm. Beschäftigt man sich nicht professionell oder obsessiv mit Musik, mögen dabei durchaus drei Bands beziehungsweise Künstler*innen auftreten, von denen man noch nie gehört hat. Aber oft genug merkt man es dann: Man hat sich schon eine ganze Weile nach ihnen gesehnt. Wie das eben so ist mit sehr guter Musik.

Gelernt ist eben gelernt. Das Knust ist einer der ältesten Clubs in Hamburg. Schon in den 1970ern traten, damals noch in einem Keller in der Innenstadt, Newcomer auf, die es später zu Weltruhm bringen sollten. Oft geraten in Erzählungen Legende und Logik aneinander. Wie etwa im Fall einer unbekannten Band namens R.E.M. Ihr erster Gig im Jahr 1984 soll einerseits nur zwölf Zuschauer angelockt haben, andererseits schwören verdächtig viele Menschen entsprechenden Alters, live dabei gewesen zu sein. Ganz anders ist das mit den 1300 Engtanzfeten. Damit gibt fast nie jemand an. Vermutlich, weil sie nie so richtig cool waren. Wie auch das Knust nie richtig cool war.

Seit dem Umzug in die Alte Rinderschlachthalle finden unzählige Konzerte und andere Veranstaltungen auf dem Lattenplatz statt.

Das sagt ja schon der Name. Aber auch nicht uncool. Und auch nichts dazwischen. Sondern immer nur das Knust. Eine ganz eigene Liga.

Bis heute lässt sich das Knust nicht über seine Gäste definieren, wie es sonst in Hamburg meist der Fall ist. Nicht einmal regelmäßige Veranstaltungsreihen wie das Jazzhouse Open Air oder die Knust Comedy Sessions ziehen ein homogenes Publikum an. Und schon gar nicht die Acoustics.

So relevant war das Event für die unterschiedlichsten Zielgruppen, dass die Party zum zehnjährigen Jubiläum in der Elbphilharmonie gefeiert wurde. Das war im Februar 2020. Kurz bevor die Pandemie mit einem Paukenschlag das Land in Stille versinken ließ. Obwohl soziale Distanz überhaupt nicht dem Charakter des Knust entspricht, rappelte sich der Club doch als einer der ersten wieder auf. Mit beinahe täglichen Open-Air-Konzerten am frühen Abend, kaum fassbar niedrigen Preisen und tollen Künstlerinnen und Künstlern auf der Bühne, machte die Atmosphäre auf dem Lattenplatz glücklich wie gewohnt. Zwar waren Tische statt Tanzen angesagt, dafür entdeckte das Publikum eine ganz neue Fähigkeit an sich, die auch zu emotionalen Höhenflügen führt: Zuhören. Und wenn überhaupt etwas feststeht für die kommenden Hamburger Sommer, dann dies: Solange es eine Chance für Livemusik gibt, wird das Knust sie nutzen.

FAZIT: OB TISCHE ODER TANZEN – SOLANGE DIE CLUB-LEGENDE SWINGT, IST DIE PARTY NOCH NICHT VORBEI.

Hin & weg: U3 bis Rathaus.

Beste Zeit: Der Sommer dauert im Knust bis Ende Oktober.

Dauer: Ein Konzert und einen Absacker lang.

Ausrüstung: Ticket, und für alle Fälle eine Regenjacke.

WACHSTUMS-SCHUB

… die HafenCity

#37

Wer nicht zufällig auf der größten innerstädtischen Baustelle Europas lebt oder arbeitet, reibt sich alle paar Monate wieder verwundert die Augen. So viel hat sich verändert. Noch unglaublicher wird das Megaprojekt HafenCity mit kundiger Führung. Prima: Die kostet nichts.

#siewächstundwächstundwächst #TouristindereigenenStadt #BlickinsMorgen

So ganz nebenbei lassen sich auf einer Führung durch die HafenCity auch zukünftige Lieblingslocations sammeln.

Die HafenCity sieht morgen schon ganz anders aus als heute. Das rasante Wachstum des neuen Stadtteils dauert nun schon Jahre und ist noch lange nicht beendet. Bei einem Ortstermin mit Stadtführer*in können sowohl persönliche Interessen gestillt oder die neuesten Updates eingeholt werden. Denn mit dem Stadtteil verändern sich auch die Führungen durch die neuen Quartiere. So ist es keine vertane Zeit, wenn man die ein oder andere Tour aus dem Portfolio der städtischen Entwicklungsgesellschaft HafenCity GmbH zweimal mitmacht. Ins Geld geht das nicht. Alle Thementouren sind kostenlos und dauern in der Regel zwei Stunden. Inhaltlich ist die Themenpalette bunt gemischt.

Der signalorange View Point wechselt seit 2004 alle Jubeljahre seinen Standort.

Ein Klassiker startet am Kesselhaus am Sandtorkai. In der ehemaligen Energiezentrale der Speicherstadt befindet sich heute das Info-Center der HafenCity. Schon von Weitem ist es an den stilisierten Schornsteinen zu erkennen.

Hingucker im Inneren ist die Mini-HafenCity im Maßstab 1:1500, die genau wie der Stadtteil wächst und wächst und wächst. Leider ist das Kesselhaus nur bis 18 Uhr geöffnet. Aber immerhin hat man bei den Führungen an die arbeitende Bevölkerung gedacht.

Der »Feierabend-Landgang« ist als After-Work-Veranstaltung gemeint und beginnt von April bis Oktober pünktlich zum Betriebsschluss. Ebenfalls von April bis Oktober, ebenfalls um 18 Uhr, aber nur an jedem vierten Mittwoch im Monat, trifft man sich zur »Historischen Spurensuche« im Lohsepark. Es ist ein Schauplatz schrecklicher Nazi-Verbrechen, denen Hamburg sich nun endlich stellt.

Zwischen 1940 und 1945 wurde vom damaligen Hannoverschen Bahnhof aus ein Großteil der 8000 Jüdinnen und Juden, Rominja und Roma, Sintize und Sinti aus Hamburg und Norddeutschland in Ghettos, Konzentrations- und Vernichtungslager deportiert. Die meisten von ihnen wurden ermordet. Am historischen Ort entsteht bis 2023 das denk.mal Hannoverscher Bahnhof sowie ein Dokumentationszentrum zum Schicksal der in den Tod geschickten Menschen. Treffpunkt ist der Info-Pavillon.

Eine Frage, die immer wieder gern gestellt wird: Welche Promis wohnen im Marco-Polo-Tower?

Wer erst sehr spät Feierabend macht, kann sich jeden zweiten und vierten Freitag im Monat bei Nacht durch die HafenCity führen lassen. Auf dieser Tour spielen Licht und Musik eine Rolle. Los geht es um 21 Uhr an der U4 im Überseequartier.

Allerdings einmal mehr nur in den Sommermonaten. Vielleicht haben sich keine Stadtführer*innen gefunden, die sich von November bis März in die Windkanäle der HafenCity trauen. Dann bleibt nur noch, auf eigene Faust durch die Häuserschluchten und Baustellen zu streifen. Vielleicht mit einem guten Reiseführer in der Hand und ganz allein. Dann kann man sich ganz auf die Umgebung einlassen und dabei macht man ja oft die besten Entdeckungen.

FAZIT: DIESE STADTTEILFÜHRUNGEN KOSTEN NIX, LOHNEN SICH ABER SEHR. GERN JEDES JAHR WIEDER.

Hin & weg: Mit der U3 bis Baumwall oder der U4 zum Überseequartier.

Beste Zeit: April bis Oktober.

Dauer: In der Regel 2 Std.

Ausrüstung: Programm unter www.hafencity.com/de/infocenter/fuehrungen.html

DEN MONTAG FEIERN

… Museum der Arbeit in Barmbek

#38

Wer von der Arbeit gar nicht genug kriegen kann, feiert den Montag. Denn dann steht nach Betriebsschluss ein Besuch im Museum der Arbeit an. Bis 21 Uhr kann die Ausstellung besucht und in offenen Werkstätten mitgearbeitet werden.

#MuseumzumMitmachen #Arbeitso #KunstKulturundGewerbe

Wie sich Leben und Arbeit seit Mitte des 19. Jahrhunderts wandeln, ist das Hauptthema des Museums.

Bis die Hosenanzüge von Angela Merkel kein Thema mehr in der Presse waren, so wie ja auch Anzüge von männlichen Politikern kein Thema sind, war es ein weiter Weg. Als Lenelotte von Bothmer 1954 ihre Antrittsrede vor dem Deutschen Bundestag im Hosenanzug hielt, war das noch ein Skandal. »Sie sind keine Dame!«, hörte man es rufen und »Dann komme ich demnächst im Schottenrock«. Ob der Rufer die Drohung wahr machte, ist nicht auf dem meterlangen Zeitstrahl vermerkt, der im zweiten Stock des Museums Meilensteine der Arbeit auflistet. Wie hart der Kampf um gleichberechtigte Arbeitsverhältnisse war, fällt aber überall im Museum auf. Auch auf dem Zeitstrahl, der erst 18 Jahre nach von Bothmers Auftritt im Bundestag ein Ende der Verordnung vermerkt, die Frauen das Steuern von Lastwagen, Bussen und Straßenbahnen verbot. Und es sollte sogar bis 1975 dauern, bis der HVV die erste Busfahrerin einstellte. Das Berufsverbot stammte noch aus dem Dritten Reich. Den Nazis galten Frauen als physisch wie psychisch untüchtig. Aber natürlich sind

Hamburg profitierte schon immer im großen Stil von der Globalisierung. Arbeiter und Angestellte mussten sich jeden kleinen Krümel vom Kuchen hart erstreiten.

die Vorurteile viel älter. So hieß es in dem Text »Tüchtige Kaufleute gesucht« von 1913: »Für den höher stehenden jungen Mann sind die Tipp-Damen, Kassiererinnen, Telephon-Fräuleins und dgl. nur vorrübergehend Konkurrenten. Sie selbst, lieber Freund, haben doch wohl kaum vor ihr Leben lang Maschine zu schreiben und nachzustenographieren, was andere ihnen diktieren.«

Erst mal können vor Lachen, denkt man sich im Ausstellungsbereich, der sich mit der »Arbeit im Kontor» beschäftigt. An einer Mitmach-Station gibt das Fräulein vom Amt codierte Nachrichten von Schiffsunglücken, Wetterwarnungen und Verkaufsofferten durch. Sie nach der amtlichen Buchstabiertafel zu entschlüsseln ist gar nicht so einfach. Auch für das Rechnen mit der Brunsviga oder das Tippen auf schwergängigen altertümlichen Schreibmaschinen braucht es spezielle Fähig- und Fertigkeiten. Beim Mustertext könnte einem schon wieder die Hutschnur hochgehen. »Mache dich frei vom Erbübel deines Standes; arbeite nicht gedankenlos und ohne Anteilnahme«, heißt es da.

Allerdings: Die typischen Männerberufe waren auch alles andere als frei von Demütigungen und Härten. Mit heutigem Verstand scheint der Alltag der Arbeiter zur Zeit der Industrialisierung eine einzige Zumutung. Und nirgends wäre das Museum der Arbeit besser aufgehoben als in Barmbek, dem Stadtteil, der wie kein anderer für Arbeitskampf und Arbeiterstolz steht. »Barmbek Basch« nannten sich die coolen Buttjes des Viertels, die sich genau wie ihre kessen Deerns ganz bewusst vom feinen Hanseaten abgrenzten. *Street credibility* würde man das heute wohl nennen. Das Museum

der Arbeit ist auf dem Fabrikgelände der ehemaligen New-York Hamburger Gummi-Waaren Compagnie von 1871 zu Hause. Das Ensemble steht unter Denkmalschutz und hat sich über die Jahre mit den Nachbarn vom Kulturzentrum Zinnschmelze, dem Theaterdeck, der wunderbaren Gastroperle Lütt Liv und dem Restaurant T.R.U.D.E einige Hippness erarbeitet. Dabei findet man nichts Aufgesetztes, von Werbern Erdachtes, sondern eine echte, freundliche und solidarische Atmosphäre. Barmbek Basch eben.

T.R.U.D.E steht übrigens für »Tief runter unter die Elbe« und bezeichnet die größte Schildvortriebsmaschine der Welt. Sie fraß die vierte Röhre des Elbtunnels unter dem Fluss hindurch. Auf dem Museumshof hat das technische Denkmal seinen Ruhesitz gefunden. Weil: Irgendwann ist ja auch mal gut mit Arbeit.

FAZIT: EIN STÜCK HAMBURGER GESCHICHTE, REGT ZUM VERGLEICH MIT DER EIGENEN ARBEITSBIOGRAFIE AN.

Hin & weg: S1, S11 oder U3 nach Barmbek.

Beste Zeit: Zu den regelmäßigen supertollen Sonderausstellungen. Termine und Öffnungszeiten unter www.shmh.de/de/museum-der-arbeit

Dauer: 60–180 Min.

Ausrüstung: Geld für den Eintritt. Unter 18 Jahre frei.

Einen
eigenen
Tauschring
gründen

SCHÖNER SCHEITERN

... auf dem Friedhof der guten Ideen im Inselpark

#39

Scheitern, Verlieren, Aufgeben steht nicht hoch im Kurs, gehört aber zum Leben dazu. Das weiß jeder und doch kann man sich manchmal schrecklich schwertun, hinter einem geplatzten Traum endlich den Haken zu setzen. Dann hilft ein ganz besonderer Ort.

Im Rahmen der Internationalen Gartenausstellung ließen Hamburger*innen ihre guten Ideen begraben.

Eine Menge Leute haben richtig gute Ideen. Große Geistesblitze, überwältigende Wunschvorstellungen, bestechende Pläne in der Schublade und fantasievolle Traumschlösser im Kopf. Über Jahre bis ins Detail ausgetüftelt, mit Hingabe zu gedanklichen Diamanten geschliffen. Das ist auch wunderbar so. Es heißt ja nicht umsonst, der Weg ist das Ziel. Und es kann sich lohnen, an einer wirklich guten Idee festzuhalten. Lange. Sehr lange. Denn irgendwann ist die Zeit vielleicht reif. Kommt endlich der Kick, der die Umsetzung ermöglicht.

Nur manchmal kann es eben auch geschehen, dass gar nichts geschieht. Der Kick kommt nicht. Auch können Umstände die Idee überholen. Oder sie kann zu einer fixen werden, die alles andere blockiert. Dann spürt man, ganz plötzlich oder über die Jahre: Der Traum ist aus. Und dann ist es besser, loszulassen. Abschied zu nehmen, ganz bewusst. Die Idee zu Grabe zu tragen, auf dem Friedhof der guten Ideen.

Er liegt im Wilhelmsburger Inselpark nur einige Schritte von der Skaterbahn entfernt. Links des Hauptweges auf einer Wiese, gar nicht mal versteckt, aber doch unauffällig, stehen dunkle Grabsteine aus schwedischem Basalt mit goldenen Inschriften. »Die Mona Lisa von hinten malen« steht da und »Ich gehe zurück nach Yenice Köy und baue mir ein Haus aus Lehm« oder »Zu Hause mit ihm ein Café eröffnen, solange es noch geht«. Dabei handelt es sich nicht um Fiktionen. Es sind echte Ideen von echten Menschen.

Der Künstler Mark Wehrmann hat sie gesammelt; mit großem Respekt vor den Ideengebern. Denn es gehört schon etwas Mut dazu, einen intensiven Wunsch abzuhaken für alle

Ewigkeit. Und dann auch noch öffentlich. Jedermann war zur Bundesgartenschau 2013 eingeladen, sich an dem Projekt zu beteiligen. Die sich trauten, haben den symbolischen Akt als Würdigung ihrer Idee empfunden. Sie ist nicht einfach so im Sande versickert. Sie ist noch da. Und immer noch gut. Im besten Fall sogar Inspiration für jemand anderen. Vielleicht malt ja wirklich mal jemand die Mona Lisa von hinten oder gründet ein Altersheim mitten im Leben.

Wenn man sich so von Grabstein zu Grabstein liest, hier schmunzelt, da einen Stich im Herzen spürt, stellt man fest, dass die eigene Idee sich hier in guter Gesellschaft befände. Man könnte sie auf einem Zettel notieren und vergraben. Oder bloß in Gedanken an einen Luftballon binden. Mit einer bunten Schleife vielleicht. Und dann loslassen.

FAZIT: EIN ORT, UM SICH ZU VERABSCHIEDEN ODER ZUR BESINNUNG ZU KOMMEN – GANZ OHNE GRABESSTILLE.

Hin & weg: Mit der S3 oder 31 bis Wilhelmsburg.

Beste Zeit: An einem warmen Sommerabend.

Dauer: 30 Min.

Ausrüstung: Zettel & Stift.

LHBS
KING FARE

LHBS

LICHT IM DUNKEL

… in der ganzen Stadt

#40

Ginge man jeden Monat ins Kino, hätte man nach einem Jahr noch immer nicht alle sehenswerten Lichtspielhäuser gesehen. Aber sich doch zwölf wunderbare Geschenke gemacht und Hamburg in vielen Facetten erlebt. Eine Jahres-Challenge gegen das Kinosterben.

#Traumfabriken #Popcornduft #KulturRetter #Kinolebt

Hamburg ist eine beliebte Filmkulisse. Das gilt nicht nur auf, sondern auch vor der Leinwand: in den herrlich speziellen Programmkinos oder beim Rundum-Happening »Flexibles Flimmern«.

Vom Mikrokino in der Millerntorwache bis zu den Hallen im Kraftwerk Bille, vom Museum, über die Kirche und unter der Brücke – Holger Kraus inszeniert mit seinem mobilen Kino seit 15 Jahren Filme an ungewöhnlichen Plätzen. Welche Streifen über die Leinwände flimmern, ist dabei immer auf den Ort abgestimmt.

Der Bezug macht den Kinobesuch zum Rundumerlebnis. Wenn ein Film über moderne Piraterie in der Seemannmission gezeigt wird oder eine Hinterhofgemeinschaft Canapés mit Makrelenmousse und Tahini zum Filmgenuss reicht, erschließt sich die Stadt auf ganz neue Weise. Und im besten Fall macht das so viel Lust auf mehr, dass man sich sodann der klassischen Kinolandschaft zuwendet – die gar nicht so klassisch daherkommt, sondern breit gefächert. Noch. Und damit es so bleibt, muss man hingehen.

Die Range reicht von der Astor Film Lounge in der HafenCity, wo die Liegesessel sich auf Knopfdruck in die Waagerechte neigen und ausgesuchte Speisen am Platz serviert werden, bis zum B-Movie, dem werbefreien und solidarischen Lichtspielhäuschen in der Brigittenstraße, in dem jeder selbst über den Eintrittspreis entscheidet und auch willkommen ist, wer gar nichts beisteuern kann.

Es gibt großartige Nachbarschaftskinos wie das Studio Kino auf St. Pauli und die Koralle in Volksdorf. Oft liegen die Häuser mitten im kulturellen Herzen des Quartiers. Etwa das Alabama auf Kampnagel in Winterhude, die Zeise Kinos in den Ottensener Zeisehallen oder das 3001 in der Schanze, das 2019 von einer breiten Initiative vor der Vertreibung durch Investoren gerettet wurde. Man kann sich von den Hamburger Kinos in die 1920er-Jahre entfüh-

ren lassen (Passage in der Innenstadt), in die 1950er (im Holi in Hoheluft) oder in die 1970er (Abaton am Grindel). Dort wurde übrigens das Programmkino erfunden, das sich als Gegenentwurf zum Kommerzkino versteht und im Metropolis neben der Staatsoper in Reinkultur betrieben wird.

Jedes der Kinos lohnt den Besuch. Dabei taucht man oft in (Sub-)Kulturen ein, von deren Existenz man nicht einmal ahnte. Und wenn man sie alle kennt, gibt es immer noch Flexibles Flimmern. Holger Kraus hat garantiert noch einen Ort im Ärmel, von dem man nie gehört hat, und einen Film, der genau dort gezeigt werden sollte. Die Fangemeinde ist daher riesig, eingeschworen und gleichzeitig familiär und offen. Also, schnell zuschlagen, wenn der nächste Termin unter www.flexibles-flimmern.de angekündigt wird.

FAZIT: BESONDERE FILME AN BESONDEREN ORTEN – DA KÖNNEN STREAMINGDIENSTE EINFACH NICHT MITHALTEN.

Hin & weg: Je nachdem, wo die Vorführung stattfindet. Anfahrtsinfos unter www.hvv.de

Beste Zeit: Immer nachmittags oder abends.

Dauer: Rund 120 Min.

Ausrüstung: Geld für Eintritt und Popcorn.

ATEMPAUSE

… in der Altstadt

#41

Die Hauptkirche St. Petri, im Volksmund auch City-Kirche genannt, steht wirklich mitten im Leben, ist täglich offen und geht in vielfältiger Weise auf die Menschen zu. Als Pilgerort der Musik, Ruhepol in der hektischen Innenstadt und Ort der Reflexion.

#Kulturperle #Musikgenuss #Spiritualität

10 Meter über dem Meeresspiegel, am höchsten Punkt der Altstadt, thront St. Petri, die älteste Pfarrkirche Hamburgs.

Als am 14. April 1948, einem Mittwoch, um 17.15 Uhr, der sechsstimmige Chorsatz »Christ ist erstanden« in der Hauptkirche St. Petri erklang, war es wie ein kleines Wunder. Die Stadt lag in weiten Teilen in Trümmern, die Menschen hungerten. Ganz sprichwörtlich und auch im übertragenen Sinne. Nach Hoffnung und einer Atempause im täglichen Überlebenskampf.

Heute stellt sich die Situation geradezu gegensätzlich dar. Direkt an der Mönckebergstraße gelegen, befindet sich St. Petri im Zentrum des Überflusses und der Hektik und um einen Auftritt bei der »Stunde der Kirchenmusik« bewerben sich hochkarätige Musiker, Studierende, Chöre von überall und Gastorganisten aus der ganzen Welt. Aber noch immer bietet die Kirche jeden Mittwoch und immer um 17.15 Uhr einen Rückzugsort, an dem man Abstand vom Alltag nehmen kann. Innere Einkehr ist wichtig. Inzwischen weiß das auch die Schulmedizin. Allein durch die Kraft der Gedanken vermag es der Mensch Entspannungsreaktionen im Körper auszulösen. Dabei werden etliche Botenstoffe ausgeschüttet, die Durchblutung gesteigert, der Blutdruck gesenkt und Selbstheilungskräfte aktiviert. Die Religionen haben das schon immer gewusst. Fasten, Pilgern, Meditieren, das sind alles Möglichkeiten, um zu sich zu finden.

Mindestens einmal am Tag sollte jede*r einen Termin mit sich selbst machen. Um in sich hineinzuhören, wie es denn gerade so läuft auf körperlicher wie emotionaler Ebene. Je weniger man Achtsamkeit sich selbst gegenüber gewohnt ist, desto mehr Unterstützung kann man dabei gebrauchen. Die Kirche der Stille in Altona etwa lädt zum Schweigen ein. Von Mon-

tag bis Freitag findet von 18 bis 18.30 Uhr die »Atempause vor dem Abend« statt. Die Christuskirche in Eimsbüttel lädt zu Meditationsabenden und zur Meditation am Morgen ein.

Die Stunde der Kirchenmusik in St. Petri geht nur auf den ersten Ton den umgekehrten Weg. Selbst wer bisher nichts mit kirchlichen Klängen am Hut hatte, kann in der ältesten Pfarrkirche Hamburgs schon mal ins Schwärmen geraten. So wunderbar harmoniert der Orgelwind mit zarteren Tönen von Violinen oder Flöten. So punktgenau zielen Bach und Beethoven und Telemann auf die Seele, dass sie doch unmöglich aus vergangenen Zeiten stammen können. Und es bleibt nichts weiter zu tun, als nachzuspüren, was das mit einem macht. Was einen trägt. Wie der Druck nachlässt. Immer mittwochs. Immer um 17.15 Uhr. Immer kostenlos.

FAZIT: KULTURELL WERTVOLLES RUNTERKOMMEN MIT WÖCHENTLICH WECHSELNDEM PROGRAMM.

Hin & weg: Mit der U3 zur Mönckebergstraße.

Beste Zeit: Ganzjährig, mittwochs, 17.15 Uhr.

Dauer: 60 Min.

Ausrüstung: Eine Spende für die Musikerinnen und Musiker.

JEDER IST EIN KÜNSTLER

... im Museum für Kunst und Gewerbe

#42

Joseph Beuys oft bemühte These der »Sozialen Plastik«, nach der jeder Mensch ein Künstler sein soll, hat sich im Museum für Kunst und Gewerbe manifestiert. Im Freiraum dürfen alle Interessierten auf persönliche Weise kreativ handeln und gestalten.

#Raumeinnehmen #KunstMeilenstein #umsonstunddrinnen #offenfüralle(s)

Was stellt die Stadtgesellschaft damit an: der Freiraum im Museum ist ein spannendes Experiment.

Anfang September 2020 öffnete das Museum für Kunst und Gewerbe einen Raum ohne feste Bestimmung. Es handelt sich dabei um die alte Turnhalle, das architektonische Herzstück des Hauses. Im Ursprung gehörte zum Konzept des Museums nämlich der Lehrbetrieb. In dem Gebäude von 1875 war in den Anfangsjahren die Allgemeine Gewerbeschule für angehende Handwerker untergebracht. Aus der ebenfalls ansässigen Kunstgewerbeschule ging später die Hochschule für Bildende Künste, HfBK, hervor. Weiter wurde in Abendschulen unterrichtet, technischen Lehranstalten und der Realschule des Johanneums. Das Museum für Kunst und Gewerbe war also zu Beginn ein sehr lebendiger Ort. Seit einigen Jahren knüpft es auf verschiedene Arten an diese Tradition an. Nicht um zu lehren allerdings. Sondern um in den Dialog zu treten mit der Stadtgesellschaft. Eines der Projekte zum Mitmachen und Ausprobieren ist der »Freiraum«.

Der Freiraum soll ein Treffpunkt sein, ein Pausenraum, ein Projektort. Er steht allen Interessierten und allen Gruppen während der Öffnungszeiten des Museums kostenlos zur

Die Möbel im Freiraum schlagen eine bestimmte Nutzung vor, sollen Kommunikation anregen oder individuellen Rückzug ermöglichen.

Verfügung. Damit folgt er der Definition des sogenannten Dritten Ortes oder auch »Great good Place« des Soziologen Ray Oldenburg. Nach Oldenburgs Auffassung findet am Ersten Ort das Arbeitsleben statt. Der Zweite Ort ist für das Familienleben bestimmt. Und der Dritte Ort soll einen Ausgleich dazu schaffen, Begegnungen und Austausch ermöglichen. Das Konzept scheint nun ein bisschen aus der Zeit gefallen, gleichzeitig aber nötiger denn je. Im Homeoffice verschmilzt für viele der Erste mit dem Zweiten Ort. Der Zweite Ort wiederum steht in einer Single-Hochburg wie Hamburg nicht zwingend für Familie. Umso wichtiger wird also ein Dritter Ort, wie ihn das Museum für Kunst und Gewerbe anbietet. Hier muss man nichts konsumieren. Hier kann man in sicherer, entspannter Atmosphäre lesen, denken, diskutieren, Löcher in die Luft starren, Schach spielen, Kräuter pflanzen, etwas ganz anderes tun oder sich auch einfach nur ein Bild machen von dem 330 Quadratmeter großen architektonischen Schmuckstück mit einer großzügigen Terrasse zum Innenhof.

Der Freiraum ist mit mobilen Möbeln ausgestattet. Küchenzeile, Arbeitstische, Hocker, Bühnen sind zumeist mit Rollen versehen. Wie er in den kommenden Jahren genutzt wird, wird auch die Gestaltung des Raumes verändern. Sie soll sich im Laufe der Zeit den Bedürfnissen der Besucher*innen anpassen. Dieser Prozess wird dokumentiert, archiviert, einsehbar sein und kommentiert werden können. Wer hierher findet, ist also gleichsam Teil eines soziokulturellen und künstlerischen Experiments.

Falls man dabei Lust bekommt, das Museum in Gänze zu durchstreifen, umso besser.

Noch besser sogar, wenn man sich entschließt gleich einen Pass der Kunstmeile zu kaufen – oder auf dem Wunschzettel zu notieren. Denn das Bucerius Kunstforum, die Deichtorhallen, die Kunsthalle und der Kunstverein sind ebensolche Hochkaräter wie das Museum für Kunst und Gewerbe. Für einen Fixpreis berechtigt der Kunstmeilenpass zum einmaligen Eintritt in alle fünf Häuser. Ein Angebot, das Sparfüchse nicht ablehnen können. Die Gültigkeitsdauer von zwölf Monaten hilft inneren Schweinehunden auf die Sprünge.

Doch ganz abgesehen davon, hat sich der Sinn des Freiraums schon erfüllt, sobald man ihn betritt. Wer hineinwill, lässt sich im Foyer einen blauen Sticker aushändigen. Ans Revers geheftet, berechtiget er neben dem Zugang zum Freiraum auch zum Besuch des Restaurants »Destille« und der Gerd Bucerius Bibliothek.

FAZIT: FREIRAUM FÜR JEDEN UND JEDE. GUCKEN KOSTET NICHTS. KANN ABER GANZ SCHÖN BEREICHERN.

Hin & weg: Alle U- und S-Bahnen zum Hauptbahnhof.

Beste Zeit: Donnerstag (da hat das Museum bis 21 Uhr geöffnet). Alle Zeiten unter www.mkg-hamburg.de. Infos zum Sammelpass gibt es auf www.kunstmeile-hamburg.de

Dauer: 15 Min. bis einen Abend lang.

Ausrüstung: »In der Öffentlichkeit angemessene Kleidung« – so sagt es Raumregel 13.

WIR AKZEPTIEREN KEIN DISKRIMINIERENDES VERHALTEN!«

DEPORTIERT 1942
AUSCHWITZ
NATHAN DAN
CRONER
JG. 1939
DEPORTIERT 1942
AUSCHWITZ
HEINZ DESSAU
JG. 1930
DEPORTIERT 1941
RIGA
JULIUS
HERMANNSEN
JG. 1930
DEPORTIERT 1941
ŁODZ
ERWIN KOPF
JG. 1932
DEPORTIERT 1941
ŁODZ
MANFRED
KRAUTHAMER
JG. 1928
DEPORTIERT 1942
AUSCHWITZ
REGINE
ROTHSCHILD
JG. 1928
DEPORTIERT 1942
AUSCHWITZ

ÜBER STEINE STOLPERN

... im Grindelviertel

#43

Mit der geplanten Synagoge am Grindel wird ein starkes Symbol jüdischen Lebens endlich in die Stadt zurückkehren. Mindestens ebenso wichtig ist die eigene Auseinandersetzung mit der Geschichte. Sehr nachdrücklich wird die Spurensuche mit zwei Apps.

78 Jahre nachdem Joseph Carlebach, seine Frau sowie die Töchter Ruth, Noemi und Sara in einem Wald bei Riga von Nazis ermordet wurden, geschahen im Grindelviertel zwei bedeutsame Dinge, die eng mit dem hochgeachteten letzten Oberrabbiner Hamburgs verknüpft sind. Zum einen legte im Jahr 2020 der erste Abi-Jahrgang seit der Shoah an der Joseph-Carlebach-Schule, der früheren Talmud Tora Schule, die Reifeprüfung ab. Zum anderen fiel die Entscheidung für den Wiederauf- beziehungsweise Neubau der Bornplatzsynagoge auf dem benachbarten Joseph-Carlebach-Platz.

Die Bornplatzsynagoge war einmal das größte jüdische Gotteshaus Nordeuropas. In den Pogromnächten geschändet und in Brand gesetzt, schleiften die Nazis das prächtige Gebäude 1939 gänzlich und ließen die jüdische Gemeinde für den Frevel bezahlen. Ein »Grünplatz zur Freude der Volksgenossen« sollte entstehen, tönte das Hamburger Tageblatt.

Es reichte dann bloß zu einem Hochbunker. Er steht heute noch. Während der Luftangriffe war der Aufenthalt jüdischen Anwohnerinnen und Anwohnern des Grindelviertels untersagt. Sie fanden nur unzureichenden Schutz im Pferdestall der Universität. Im ganzen Gebäude erinnern heute Wandgemälde von Constantin Hahm an die Vernichtung jüdischen Lebens.

Der Grindel hat besonders viele Opfer zu beklagen. Das wird auch an den Stolpersteinen deutlich, die hier in hoher Dichte zu finden sind. Zehn und mehr Steine liegen vor einigen Häusern eingebettet im Pflaster. Manchmal erzählt auch ein einziger Stolperstein von der Ermordung dreier Generationen.

Der Wiederaufbau der Bornplatzsynagoge setzt ein wichtiges Zeichen gegen Antisemitismus und für sichtbar jüdisches Leben in Hamburg.

Knapp 6000 Stolpersteine wurden bisher in Hamburg verlegt. Die Biografien der Verfolgten sind, soweit recherchierbar, in stadtteilbezogenen Büchern nachzulesen und bei der Landeszentrale für politische Bildung gegen eine kleine Gebühr zu beziehen. Sie enthalten Stadtpläne, einige auch Rundwege oder Radrouten. Gleiches bietet eine kostenlose App, die zudem den eigenen Standort auf einer interaktiven Karte verortet. Man kann die Datenbank natürlich auch vom heimischen Rechner ansteuern (www.stolpersteine-hamburg.de). Gibt man in der Suchmaske die eigene Straße ein, werden die Stolpersteine in der Nähe angezeigt. Sollte einer darunter sein, dessen Messingplatte verschmutzt oder nachgedunkelt ist, darf man sie übrigens gern reinigen. Eine Pflegeanleitung findet sich auf der Seite.

Eine weitere spannende App kann mittels QR-Code auf einer Schautafel am Hochbunker heruntergeladen werden. Sie macht die ehemalige Synagoge virtuell begehbar und optisch begreifbar. Auf dem ansonsten noch leeren Platz sind Grundriss und Deckengewölbe des Gebäudes in etwa durch ein Mosaikpflaster der Künstlerin Margrit Kahl nachgebildet. An dem Kunstwerk entlang führt die App über zwölf Stationen vom ehemaligen Eingangstor bis zu einer Gedenktafel an die Verbrechen der NS-Zeit. Dass die App mit dem Wiederaufbau der Synagoge möglicherweise überflüssig wird, freut wohl niemanden mehr als ihre Macherinnen und Macher: der erste Abiturjahrgang der Joseph-Carlebach-Schule.

FAZIT: EINE LEBENDIGE ERINNERUNGSKULTUR IST DER BESTE WIDERSTAND.

Hin & weg: Mit dem Metro-Bus 4 oder 5 bis Grindelhof.

Beste Zeit: Ganzjährig und besser heute als morgen.

Dauer: 60 Min.

Ausrüstung: App Stolpersteine Hamburg.

WELTERBE-WALK

… durch die Speicherstadt

#44

Wenn die Uhren auf Winterzeit umgestellt werden, graust nicht wenige die Vorstellung von monatelanger Dunkelheit. Doch in der Speicherstadt entstehen gerade dann die besten Bilder. Pünktlich zum Feierabend lädt ihr sanftes Licht ein, zur Ruhe zu kommen.

#GedankenGang #FotografierenfürNachtschwärmer #Weltkulturerbe

Schöner als ein abendlicher Bummel durch den weltgrößten historischen Lagerhauskomplex ist nur noch ein Barkassen-Törn im Dunkeln.

Feine Nachtaufnahmen sind wie ein guter Feierabend. Sie leben von der Ruhe ihrer Fotografen. Von der geduldigen Suche nach der richtigen Perspektive. Vom Loslassen des Perfektionsgedankens. Das gilt allemal für das Smartphone in der Speicherstadt.

Als »Triumph des schwachen Lichts« hat der Allround-Künstler Michael Batz einmal seinen Geniestreich bezeichnet, der mit einer Inszenierung des Hamburger Jedermanns begann und zu Europas größtem zusammenhängenden Lichtprojekt führte. Schon seit 2001, lange bevor Speicherstadt und Kontorhausviertel von der UNESCO als Weltkulturerbe geadelt wurden, legt sich allabendlich ein sanfter Schimmer auf die historischen Gemäuer zwischen Nieder- und Oberbaumbrücke. Vorzugsweise sollte man bei vollkommener Windstille durch die malerische Kulisse mäandern, wenn 1500 Lichtpunkte sich in den Fleeten spiegeln, verlässlich wie Ebbe und Flut, tröstlich wie eine Weihnachtsgeschichte und seit 2020 sogar klimaneutral.

Beim Bummel durch die Speicherstadt kann man sich ihre brutale Entstehungsgeschichte gar nicht mehr vorstellen. 20 000 Menschen mussten in den 1880er-Jahren ihre Wohnungen räumen, um für den größten Lagerhauskomplex der Welt Platz zu machen.

Die seit dem 16. Jahrhundert gewachsenen Wohnviertel auf den Elbinseln Kehrwieder und Wandrahm wurden vollständig abgerissen. Äußerlich imitierten die auf den Elbschlick gestampften Neubauten mittelalterliche Backsteingotik. Im Inneren aber galten sie als hypermodern. Unter anderem wegen der elektrischen Beleuchtung, zu damaliger Zeit noch

alles andere als selbstverständlich. Denn gerade erst stellte man in Deutschland von Gasbeleuchtung auf Elektrizität um.

Heute wirken gewöhnliche Straßenlaternen wie Blendgranaten gegen die Leuchtpunkte der Speicherstadt. Indirekt, zurückhaltend, beinahe zärtlich setzen sie Windengauben, Giebel, Schmucksteine in Szene – und Brücken, Brücken, Brücken. Ihre Geländer geben prima Stative für Feierabendfotografen ab. Bei Dunkelheit braucht die Kamera eine deutlich höhere Belichtungszeit, das heißt, einen langen, wackelfreien Moment, in dem sie das Licht sammelt. So etwas gelingt dem menschlichen Auge nicht. Die Realität in der abendlichen Speicherstadt ist daher auch viel diffuser als die gestochen scharfen Postkarten in den Souvenirshops. Verträumter. Wie ein guter Feierabend.

FAZIT: GERUHSAMER INSTA- ODER GEDANKENWALK DURCHS WELTERBE, AM SCHÖNSTEN AN WINDSTILLEN ABENDEN.

Hin & weg: U3 bis Baumwall oder U1 bis Meßberg.

Beste Zeit: Winterzeit.

Dauer: 60–90 Min.

Ausrüstung: Smartphone oder Kamera.

ES GEHT
UM DIE ZUKUNFT
UNSERER
STADT
Levi's
Football has no gender

FC ST. PAULI

KIEZBEBEN

... im FC St. Pauli-Museum

#45

Beim Ticketkauf wird nach dem Getränkewunsch gefragt. Gläser und Flaschen dürfen mit ins Museum. Und das ist auch gut so. Denn die Geschichte der zweiten Geburt des 1. FC ist so spannend, dass selbst Fußballmuffel gern in die Verlängerung gehen.

#youllneverwalkalone #ToreTragikTotenköpfe #Kiezkicker

Feierabend in Deutschland. Das Kaltgetränk steht auf dem Beistelltisch, gleich neben Aschenbecher und orangenem Telefon mit Wählscheibe. Man versinkt im orange-braunen Sessel auf orange-weißem Teppich vor orange-grüner Tapete. Der Röhrenfernseher flackert und die Tagesschau-Fanfare kündigt mit Taaa-Taaa-Ta-Ta-Ta-Taaa einen jungen Wilhelm Wieben an.

Es ist 20 Uhr an einem Septembertag im Jahre 1979, der Bundestag debattiert über die Gleichberechtigung der Frau. Zwischen Schanze, Karoviertel und Hafenrand rieselt der Putz von der Decke. Auf der Reeperbahn eskalieren Gewalt und Touristen-Nepp. Im Kiezclub gehen die Gerichtsvollzieher ein und aus. Meist unverrichteter Dinge. Hier ist nichts zu holen. St. Pauli ist im Eimer. Das Viertel wie der Verein.

So beginnt die Dauerausstellung »Kiezbeben 2.0« im FC St. Pauli-Museum, die auch eine Zeitreise durch die 1980er-Jahre ist. Sie erzählt, wie ein bürgerlicher Verein mit Blasmusik zur Halbzeitpause zum Freudenhaus der Liga wurde und sich zeitgleich ein maroder Stadtteil neu erfand. War es der Verein oder der schlechte Ruf des Viertels, der auf ein neues, urbanes, politisches Publikum wie ein Sirenengesang wirkte? Das ist wie mit dem Huhn und dem Ei. Kaum ein Verein ist so eng mit seinem Viertel verwachsen. Kein Club so sehr mit seiner Fanszene verwoben wie der FC St. Pauli.

Auch das Museum ist ein reines Fan-Projekt. 600 Quadratmeter multimediales Herzblut, untergebracht in der Osttribüne des Stadions, wie so vieles von den Fans haushoch überlegenen Gegnern abgerungen. Eigentlich

Pop-Kultur: Im FC St. Pauli-Museum mischen sich die Mythen und Legenden von Viertel und Verein.

waren die Räumlichkeiten im Neubau der Polizei versprochen worden. Doch Widerstand gegen St. Pauli-Fans war schon oft zwecklos. Mittlerweile sind die Beamtinnen und Beamten sowieso viel glücklicher mit ihrer eigenen Stadion- und Domwache gleich nebenan, heißt es im Museum.

Man muss überhaupt nichts mit Fußball am Hut haben, um vom Kiezbeben erfasst zu werden. Irgendwo zwischen der legendären Clubheimküche, im Gang unterhalb der alten Gegengeraden oder in einem ehemaligen Friseursalon Am Grünen Jäger, dem ersten Fanladen, beginnt man sich für die unangepassten Typen, Trainer und Spieler vom Millerntor zu begeistern. Allen voran Volker Ippig, dessen Lebensweg den Verein geradezu symbolisiert. »Nicaragua, Hafenstraße, Fußballprofi - da hab ich ein bisschen Schwierigkeiten, das alles auf die Reihe zu kriegen, und Sie?«, wurde der Keeper in seinem ersten Auftritt im Sportstudio gefragt. »Tjoa ... Also, hab ich nich', die Schwierigkeit, muss ich ganz ehrlich sagen, ne?«, antwortete Ippig einigermaßen verblüfft über die Frage. Als ob ein Linker nicht Fußball spielen dürfte. Dürfen das nur Rechte oder was wäre die Alternative?

Eine Alternative gibt's gar nicht, sagen die Fans, die durchaus kritisch mit ihrem Verein umgehen. Auch davon erzählt die Ausstellung. Trotzdem können sie gesammelt hinter einem Satz stehen, den irgendwann einmal jemand auf eine Mauer malte: St. Pauli ist die einzige Möglichkeit.

FAZIT: FUßBALL- TRIFFT AUF ZEITGESCHICHTE UND DAS BRINGT DAZU AUCH NOCH RICHTIG SPAß.

Hin & weg: U3 bis St. Pauli.

Beste Zeit: Donnerstag, da ist das Museum bis 22 Uhr geöffnet.

Dauer: 2 Std.

Ausrüstung: Totenkopfschal und Geld für das Ticket.

ABENTEUER IN SICHT

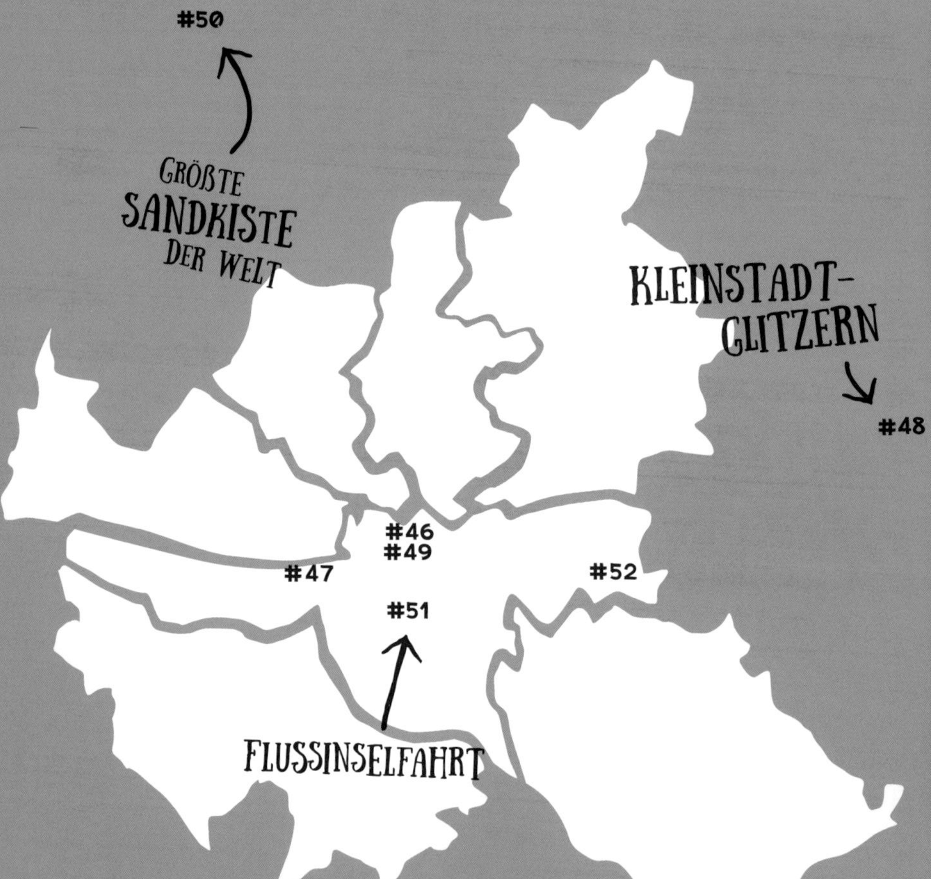

Mikroabenteuer für alle Tage

Über die eigenen Grenzen radeln, in die einsamste Einöde schippern, sich auf einen der längsten Fernwege Europas machen – so wird der Feierabend zum kleinen Abenteuer und zum großen Vergnügen.

U
feldstrasse

IMMER DER U3 NACH

… entlang der Ringlinie

#46

Die Linie U3 gilt als schönste U-Bahn-Strecke der Stadt, wahlweise auch des Landes oder gleich der ganzen Welt. Gern wird der 45-minütige Rundkurs als Alternative zu einer Stadtrundfahrt empfohlen. Der U3 zu Fuß zu folgen ist aber noch spannender.

Von den insgesamt 20,68 Streckenkilometer der Linie U3 verlaufen nur 5,11 in Tunneln. Das sind die kniffligen auf einer Stadtwanderung immer der U3 nach. Dort, wo sie oberirdisch rattert, ist ihr leichter zu folgen.

Besonders natürlich unter eisernen Viadukten, wie man sie vom Hafenrand kennt oder vom Isemarkt. Aber manchmal gerät die Bahn einem auch oberirdisch aus dem Blick. So mag der Bahndamm zwischen Kleingärten verschwinden. Oder die Alster schlängelt sich in den Weg. Dann muss man suchen. Vielleicht sogar fragen, um die nächste Haltestelle zu finden.

Viele Haltestellen sind einen zweiten und dritten Blick wert. Die U3 war bei Erbauung ein echtes Vorzeigeprojekt. Es handelte sich übrigens nicht um die dritte U-Bahn-Linie in Hamburg. Sondern um die erste. Allerdings um die dritte im gesamten Kaiserreich. Nur Berlin war mal wieder schneller gewesen. Um zehn Jahre und gleich zwei Strecken. Trotzdem war es ein Prestigeerfolg, als die Ringlinie 1912 nach nur sechs Jahren Bauzeit ihren Dienst aufnahm.

Die U3 umrundet das Stadtzentrum in etwa einer Dreiviertelstunde. Das ist viel zu schnell für alles Sehenswerte entlang der Ringlinie.

Für die Bahnhöfe wurden hochwertige Materialien verwendet – Marmor, Sandstein, Muschelkalk – und man stimmte die Gebäude mit feinem Gespür auf die Umgebung ab. Manche wurden im Zweiten Weltkrieg zerstört. Andere überstanden den Bombenhagel, während alles rundum in Schutt und Asche fiel.

So erinnern etwa das besonders prächtige Bahnhofsgebäude im Reformstil an der Mundsburg und der Hochbahnhof von Dehnhaide an das Vorkriegs-Barmbek, dessen Hamburger Straße noch eine feine Flaniermeile war mit großen Kaufhäusern und nicht dem Autoverkehr unterworfen. Dass diese Verkehrspolitik der Stadt nicht guttut, spürt man auf dieser Stadtwanderung sehr deutlich. Die Hauptverkehrsstraßen wirken trennend, machen ganze Quartiere zu Inseln. Es ist dann so ein innerliches Aufatmen, wenn man wieder einmal eine vielbefahrene Straße überwunden hat und zurück ins Leben findet.

Wer sich die gesamte Strecke nicht an einem Abend zutraut, lässt einfach den Ast von Barmbek nach Wandsbek Gartenstadt weg. Er gehörte im Ursprung ohnehin zur Walddörferbahn und nicht zur Ringlinie. Die verbleibenden 17,49 Kilometer sind auch noch ein sportliches Pensum. Aber das ist ja gerade das Gute. Man kann diese Wanderung jederzeit unterbrechen. Die nächste Bahnhaltestelle ist nie weit.

FAZIT: GAR NICHT GROẞ VORBEREITEN, SONDERN EINFACH LOS UND VON DER U3 ÜBERRASCHEN LASSEN.

Hin & weg: Alle Stationen der U3. Start und Ziel könnte zum Beispiel der Hauptbahnhof sein.

Beste Zeit: Immer.

Dauer & Strecke: 4–5 Stunden für 17–20 km.

Ausrüstung: Monatskarte, wenn bereits vorhanden (nur zur Sicherheit).

Übrigens: GPX-Download auf Seite 229.

ROBIN-SONADE

... in Waltershof

#47

Wenn einem alles über den Kopf wächst, sehnt man sich schnell nach der Ereignislosigkeit einer einsamen Insel. Ob dieser Wunschtraum auch in der Realität so super wäre, lässt sich in Waltershof überprüfen. Auf, auf zum Ausstieg auf Probe.

In Waltershof kann man wenig machen, nicht mal in die Irre laufen.

Mit der vorletzten Fähre des Tages von den Landungsbrücken über den Fischmarkt und die Docklands nach Waltershof zu tuckern ist schon eine feine Sache. Feiner, wenn man mal ganz ehrlich ist, als das Ziel selbst. Der Stadtteil mit nur zwei Einwohnern besteht im Grunde aus Industrieanlagen. Darunter auch solche, die thematisch schwierig sind, stinken, lärmen oder die Umwelt belasten. Vor allem am Burchardkai, dem größten Containerterminal der Hamburger Hafen und Logistik AG. Sicher wäre es interessant, die riesigen Containerbrücken aus der Nähe zu betrachten. Doch das ist unmöglich.

Zwischen Fähranleger und Terminal braust die Autobahn. Diesseits ist man abgeschnitten. Ein Güterbahnbahnhof, einige Lager- und Logistikgebäude, LKWs am Straßenrand, Waltershof ist das Ende der Welt, wie man sie kennt. Hier kann man wirklich gar nichts machen. Aber nicht auf angenehme *dolce far niente*-Art. Sondern mehr wie bei Robinson Crusoe. Befindet man sich doch in einer unwirtlichen Gegend, aus der es eine ganze Weile kein Entkommen gibt. Etwa vier Stunden liegen zwischen der vorletzten Fähre und der letzten. Darum sollte man niemals ohne einen Freitag nach Waltershof reisen. Denn was

»Ich lernte, mehr die Lichtseiten meiner Lage zu sehen, als mir die Schattenseiten auszumalen.« (aus Robinson Crusoe)

nützt die schönste Abgeschiedenheit, wenn man sich mit niemandem darüber austauschen kann. Das hat schon Crusoe erfahren. Und man muss ja nicht jeden Fehler selbst machen. Sogar zu zweit bleibt es eine Herausforderung, einen ganzen Abend totzuschlagen. Eine Weile mag man sich mit dem Ausblick auf den Köhlbrand beschäftigen. Der Mündungsarm der Elbe ist hier so schmal, dass die Containerriesen einem näher auf die Pelle rücken als anderswo. Man meint beinahe, sie berühren zu können, und der Ponton schwankt ganz herrlich, sobald auch nur ein Gummiboot vorüberzieht. Wurde oft genug gewettet, ob es der nächste Schiffsgigant wirklich unter der Köhlbrandbrücke hindurchschafft, ist es Zeit, die Gegend zu erkunden.

Vom Fähranleger kommend erreicht man linker Hand nach wenigen Metern eine Infotafel. Zwar sind Schrift und Fotos verblichen, doch lässt sich ein Notfallplan erkennen. Ein Radweg, der über Rugenbergerdamm und Finkenwerder Straße zur Bushaltestelle BAB-Autobahnauffahrt Waltershof führt. Dort fährt

der 151er, allerdings nur einmal in der Stunde. Im Fall des Falles ist das jedoch besser als gar keine Fluchtmöglichkeit.

In der anderen Richtung zieht sich der Fußweg zwischen Fluss und Flutschutzwand knappe zwei Kilometer zum Maakenwerder Höft, einem Überbleibsel des ehemaligen Maakenwerder Hafens. Er wurde bei der Flutkatastrophe 1962 zerstört. Zuvor war er ein beliebtes Naherholungsgebiet mit Kleingartenkolonien und einem Kindererholungsbad. Damals gab es noch einen Strand und jede Menge Natur. Heute ragen hier die Elbtunnelröhren aus der Elbe. Aber der ungewohnte Blick auf die Stadt ist von der kleinen Brache am Höft nach wie vor herrlich. Jemand hat dort zwei einfache Holzbänke aufgestellt. Das muss ein netter Mensch gewesen sein. Mit einem Herz für gestrandete »Sehleute«.

FAZIT: WUNDERBAR LANGE WEILE ODER ULTRAÖDE LANGEWEILE? DAS IST DIE (TYP-)FRAGE IN WALTERSHOF.

Hin & weg: HADAG-Fähre Linie 61 zwischen Landungsbrücken, Fischmarkt, Docklands und Waltershof.

Beste Zeit: In warmen, hellen Nächten (Juni, Juli).

Dauer: 30 Min. Fahrt und 4 Std. Aufenthalt.

Ausrüstung: Beste Begleitung und gute Getränke.

Übrigens: GPX-Download auf Seite 229.

SO WEIT DIE ÖFFIS FAHREN

… zu den Funkelplätzen von Mölln

#48

Buxtehude, Hitzacker, Ratzeburg, das klingt für manche Großstadtmenschen wie Provinz, Walachai, jwd. Dabei erzählen die historischen Kleinstädte im Umland große Geschichten und sind bestens an Hamburg angebunden. So wie Mölln im Herzogtum Lauenburg.

Kaum zu glauben, wie weit ein HVV-Ticket reicht. In östlicher Richtung berechtigt der Kauf einer Tageskarte zum Beispiel zu einer Reise nach Mölln. Gerade aus dem Zug gestiegen, erschließt sich noch nicht zwingend, warum das eine gute Idee sein sollte. Steht man doch an einer vielbefahrenen, schmucklosen Straße und das hätte man ja auch in Hamburg haben können.

Folgt man der Hauptstraße aber einen Kilometer, wird es mit jedem Schritt besser. Hier, wo noch fast alle Geschäfte um 18 Uhr schließen und die Bürgersteige hochgeklappt werden, scheint das Leben langsamer, die Welt überschaubarer. Kleinstadt-Feeling eben.

So kann man seine Aufmerksamkeit ganz auf die gut erhaltenen Fachwerk- und Backsteinhäuser richten. In höchster Konzentration findet man sie am Marktplatz, der schon im Mittelalter gar nicht so viel anders aussah als heute. Nur dass damals noch kein Eulenspiegelbrunnen plätscherte. Denn da soll der berühmteste Bürger der Stadt Mölln ja noch gelebt und der maroden spätmittelalterlichen Gesellschaft den Spiegel vorgehalten haben. Das sagt jedenfalls die Legende von Till Eulenspiegel. Und auch wer nicht dran glaubt, reibt sicherheitshalber gleichzeitig Daumen und Fußspitze der Bronzefigur. Denn das soll Glück bringen.

Und wenn man schon einmal dabei ist, kann man auch gleich die Stufen zum erhöht gelegenen Kirchhof der St. Nikolai-Kirche erklimmen. Dort steht die Eulenspiegel-Linde. In ihre Rinde, so heißt es, soll man eine Münze stecken und den Baum sodann drei Mal umrunden. Dann wird einem nie das Geld ausgehen. Jetzt

Eins haben ein Sommerabend in Mölln und der Till-Eulenspiegel-Brunnen gemeisam: Sie bringen Glück.

noch das älteste Eulenspiegel-Zeugnis suchen, einen Bildstein in der Nische der Kirchturmes, dann ist das närrische Pflichtprogramm erledigt und man kann sich dem Heute zuwenden.

Der Blick vom idyllischen Kirchhof auf die vielen roten Dächer der Altstadt ist schon einmal vielversprechend. Denn die sind nicht nur gut erhalten, sondern von einer Seenkette umarmt. Das ermöglicht herrliche Spazierwege dicht am Ufer, wenig frequentierte Badestellen und prächtigste Sonnenuntergänge.

Die allerschönsten Orte für den Sundowner verraten die Tourismusexperten von www.herzogtum-lauenburg.de. Funkelplätze nennen sie die ausgesuchten Stellen, an denen die Abendsonne sich mal romantisch, mal dramatisch gibt.

Einer liegt nicht weit vom Kirchhof entfernt, die Seestraße hinunter, beim Stadtsee-Anleger der Bootsvermietung Morgenroth. Ein anderer am Schulsee, wo man auf der Terrasse des Seehotels Schwanenhof zu Abend essen könnte. Der dritte am Pinnsee mitten im Wald. Und dann wäre da auch noch der Grundlose Kolk. Ein mystischer Toteissee im Naturparkzentrum Uhlenkolk. Der fabelhafte Wildpark mit großzügigen Gehegen kostet keinen Eintritt und ist rund um die Uhr geöffnet. Und spätestens dort wird selbst skeptischsten Hamburgern klar, dass das Nachtleben in einer Kleinstadt sich zwar konträr zu dem in der City verhält. Aber auf gar keinen Fall langweiliger ausfällt.

FAZIT: HISTORISCHE KLEINSTÄDTE SIND NICHT UMSONST TOURISTENMAGNETE. DAS GILT NICHT NUR FÜR MÖLLN.

Hin & weg: Regionalbahn ab Hauptbahnhof.

Beste Zeit: Im Sommer.

Dauer: 1 Std. Fahrtzeit und 2, 3, 4 Stunden Aufenthalt.

Ausrüstung: Schwimmen? Badesachen! Uhlenkolk? Taschenlampe!

FREIE FAHRT

... zum Zollenspieker

#49

Entspannte zwei Stunden rollt man auf dem alten Marschbahndamm durch Wiesen und Felder der Vier- und Marschlande bis zur Südgrenze der Stadt. Für den Rückweg braucht man nur eine halbe Stunde in die Pedale zu treten. So darf die Pause gern länger ausfallen.

Das »kleinste Restaurant der Welt« liegt am Rande des Universums. Jedenfalls des Hamburger Kosmos. Am Zollenspieker befindet sich nicht nur der südöstlichste Punkt der Stadt, sondern auch der südlichste Punkt der Hamburger Elbe. Und als wären das nicht Superlative genug, liegt das Ziel dieser Tour auch noch am beliebtesten Radweg Deutschlands. Zwar ist der Elberadweg 2020 vom Weser-Radweg auf Platz zwei verwiesen worden. Doch zuvor führte er das Ranking des Allgemeinen Deutschen Fahrrad Clubs (ADFC) 15 Jahre lang an. Weil er eben einfach super ist auf seinen 1270 Kilometern. Wenn man mal von den nervigen Stellen zwischen Elbchaussee und HafenCity absieht. Der Einstieg empfiehlt sich daher erst ab dem Oberhafen. Von dort kann man es so richtig rollen lassen. Vorbei an den Markthallen geht es stadtauswärts bis zu den

Der »Spieker« war über Jahrhunderte ein wichtiger Verkehrsknotenpunkt. Noch heute »spiekt« (späht) man hier gern über die Elbe.

Elbbrücken, rüber nach Entenwerder, durch die Billwerder Bucht auf die Elbinsel Kaltehofe. Und spätestens nach Unterquerung der Autobahn besteht Hamburg sowieso nur noch aus grünem Marschland und Deichen, Gemüseanbau und Blumenzucht, Naturschutzgebieten, allerdings auch allerhand Campingplätzen. Da macht es auch gar nichts, dass der Elberadweg den Fluss mal kurz verlässt. Die Räder rollen über alle Deiche und Dämme wie geschmiert, aber meist bleibt der Weg sowieso unten am Fluss, bis der Zollenspieker erreicht ist.

Der Zollenspieker ist eine Zoll- und Fährstelle, die schon im 13. Jahrhundert existierte. Die Fähre pendelt noch immer rüber nach Niedersachsen. Das Fährhaus wurde 1620 erbaut, seine Grundmauern lassen sich sogar auf das Jahr 1252 zurückdatieren. Mit dem Bau eines Tanzsaales entwickelt sich das Zollenspieker Fährhaus ab 1863 zu einem beliebten Ausflugsziel. Das ist bis heute so. Zumal man sich keine allzu großen Gedanken über die Rückreise machen muss. Auf einem gut ausgeschilderten und leicht zu fahrenden Radweg erreicht man nach nur elf Kilometern den Bahnhof Bergedorf. Von dort braucht die S-Bahn bloß 20 Minuten zurück in die Stadt. Also kann man sich ganz dem Pausieren hingeben. Ob im Restaurant oder unter uralten Kastanien im Biergarten oder direkt auf dem Deich bei der Imbissbude. Nur den Besuch im kleinsten Restaurant der Welt, dem niedlichen Pegelhäuschen, das maximal vier Gäste fasst, hebt man sich lieber für einen anderen Abend auf. Für das exklusive Vergnügen sind Radlerhosen nicht das rechte Outfit.

FAZIT: RENNRADPROFIS SAUSEN IN WINDESEILE HIN UND ZURÜCK, GENIEßER MACHEN HALB LANG.

Hin & weg: Hin z. B. vom Hauptbahnhof aus, zurück mit der S21 ab Bergedorf.

Beste Zeit: Sommer.

Dauer & Strecke: Hin 26 km & entspannte 2 Std., zurück 11 km & fixe 30 Min.

Ausrüstung: Rad, Helm, Wasserflasche (kann hinter dem Imbiss beim Zollenspieker aufgefüllt werden). Licht, falls der Abend länger wird.

Übrigens: GPX-Download auf Seite 229.

FEIER-ABEND-FERIEN

... in St. Peter-Ording

#50

Ganz unabhängig davon, wie oft man sich aufmacht, grundsätzlich verbringt man doch immer zu wenig Zeit am Meer. Also ab an die Nordsee, nach Feierabend und bestenfalls mit lieben Menschen. Dann wird die Fahrt günstiger und die Freude umso überschäumender.

#Meeresrauschen #SalzinderLuft #Möwenkreischen #WindundWellen

Nirgends im Land sind die Sommerabende länger als an der Nordseeküste von Schleswig-Holstein.

Es ist ziemlich unvernünftig, nach der Arbeit an den Ordinger Strand zu fahren. Denn auch wenn Hamburg gefühlt am Meer liegt, ist die Nordsee ziemlich weit weg. St. Peter-Ording sogar noch weiter. 150 Kilometer, um genau zu sein. Das bedeutet zwei Stunden Fahrtzeit. Im Auto. Weil es mit öffentlichen Verkehrsmitteln überhaupt nicht klappt. Und selbst im Auto und selbst, wenn man früh Feierabend machen kann, vielleicht so um 16 Uhr, würde man die wärmste Stunde des Tages, nämlich 17 Uhr, in einer – womöglich glutheißen – Blechkiste verbringen. Falls man kein eigenes Auto besitzt, müssten zu den Benzinkosten sogar noch Car-Sharing-Gebühren addiert werden. Niemand braucht ein BWL-Studium, um ein solches Vorhaben leichtfertig zu nennen, verschwenderisch gar.

Die Sache ist nur die: Es tut so wahnsinnig gut, einmal schrecklich unvernünftig zu sein. Schon in dem Moment, in dem man sich an einem heißen Hochsommernachmittag, vorzugsweise im August, mit der gepackten Strandtasche ins Auto setzt, fühlt man sich wie Thelma oder Louise oder Theo gegen den

Egal, wie oft man schon da war: Die zwölf Kilometer lange und bis zu zwei Kilometer breite Sandbank überwältigt bei jedem Strandbesuch aufs Neue.

Rest der Welt. *Let the music play: »We're on a road to nowhere.«* Der Sommer fliegt am Fenster vorbei. Streckt man die Hand raus, ist der Wind ganz warm. Und wenn sich hinter Heide die Autobahn zur Landstraße verjüngt, ist emotional der Break-Even-Point erreicht. Nur eine Buchhalterseele hielte die Investition jetzt noch für einen schlechten Deal. Aber selbst die lässt alle rationalen Gedanken auf der Tönniger Brücke über die Eider los. Denn es riecht schon nach Meer und derweil packt in Ording der Kurtaxenmann allmählich seine Siebensachen. Ab 18 Uhr ist Feierabend in der größten Sandkiste des deutschen Festlandes. Weder Strand- noch Parkplatzgebühr werden dann erhoben.

Mit dem Auto auf die Sandbank, das ist für manche eine seltsame Vorstellung, in Dänemark oder Island ganz normal und in Deutschland nur in St. Peter-Ording möglich. Also aufgepasst, wer keine Erfahrungen damit hat, nicht alle Bereiche, die befahren werden dürfen, sind auch flutsicher. Lieber ein bisschen weiter hinten parken. Dann den Familien entgegenlaufen, die jetzt gerade müde und hungrig den Strand verlassen, um sich für das Abendessen zu richten. Das verspricht jede Menge freie Strandkörbe. Die werden nämlich nicht – wie an der Ostsee – abends abgeschlossen. Dabei scheint die Sonne noch warm genug, dass es sich wie nachmittags anfühlt. Nirgends sind die Tage länger als an der Nordsee, wo die Augustsonne einem bis 21.30 Uhr ins Gesicht scheint. Zeit genug also für alles, was einen gelungenen Badeurlaub ausmacht. Schwimmen oder Planschen. Ballspielen am Strand. Abendessen mit Meerblick. Im Sand eine Kuhle formen, die exakt zum eigenen Körper passt. Den Duft von Sonnen-

creme einatmen, dem Wellenschlag und Kindergeschrei lauschen, Wolken zählen. Solche Sachen. In warmen Sommern lässt sich das bis Ende September so durchziehen. Nirgends sind die Sonnenuntergänge ausgedehnter und romantischer. Nirgends möchte man abends lieber schwimmen. Die Küste ist flach am Wattenmeer, die Nordsee dementsprechend wohltemperiert. Und eben doch etwas ganz anderes als ein Badetümpel oder überfülltes Schwimmbad.

Falls das 54 Grad keinen Tisch mehr frei hat, ist das zwar bedauerlich, aber dann schlendert man eben weiter am Flutsaum, bis das Arche Noah den Ortsteil Bad ankündigt. Am anderen Ende der mehr als einen Kilometer (!) langen Seebrücke durch die Salzwiesen brennen Fackeln an der Promenade und das Gastroangebot ist bestens sortiert.

FAZIT: ES IST UNSINN, SAGT DIE HANSEATISCHE VERNUNFT. ES IST, WAS ES IST, SAGT DIE NORDSEELIEBE.

Hin & weg: Mit dem eigenen, geliehenen oder gemieteten Wagen.

Beste Zeit: Juli – September

Dauer & Strecke: 6 Std. und 300 km.

Ausrüstung: Badesachen.

ALLES FLIEßT

... auf der Elbinsel Wilhelmsburg

#51

Grüne Idylle und graue Industrie, schicke Water-Houses und olle Wohnblocks, Internationale Bauausstellung und Internationale Gartenschau, lauschige Kanäle und lärmende Straßen – all das bietet ein Kanu-Rundkurs im Herzen Europas größter Binneninsel.

Im idyllischen Biergarten Zum Anleger startet der Kanurundkurs und endet ebendort mit mindestens einem Kaltgetränk.

Das hatten sich die Dreshajs ganz anders gedacht, als sie 2003 die alte Brückenklause am Vogelhüttendeich übernahmen. Fünf Tische standen damals am Ufer des Ernst-August-Kanals. Und an denen sollten sich unbedingt weiterhin die älteren Wilhelmsburger wohlfühlen. Die Jungen interessierten sich ja eh mehr für Beach-Clubs und -Bars.

Beinahe zwei Dekaden und eine Bundesgartenschau später, hat sich nicht nur Wilhelmsburg vollkommen verändert. Im Biergarten Zum Anleger tummeln sich zwar noch immer alteingesessene Wilhelmsburger, aber auf einem der inzwischen 500 Plätze nimmt auch das Szenevolk gern Platz sowie Ausflügler, Malklassen, ehemalige Bürgermeister, Fernsehköche – und Freizeitkapitäne. Denn neben der sonnigen Atmosphäre und Cevapcici besticht der Biergarten auch mit einem hochspannenden Kanu-Rundkurs durch das wilde Wilhelmsburg.

Den Ernst-August-Kanal verlässt man dabei schon nach einigen Metern, um in den 30 Meter breiten Assmann-Kanal einzubiegen. Das schützt vor Gedränge, wie es an der Alster ja schon mal vorkommen kann. Auch sind die Kanäle auf der Elbinsel ehemalige Industriegewässer und daher nicht von Villen gesäumt, sondern von Schrebergärten und begleitenden Wanderwegen. Aber vor zu viel Idylle muss man sich auf der größten Binneninsel Europas nicht fürchten. Dafür sorgen höllenlaute Bundesstraßen, Kraftwerke, Container und mittelattraktive Hochhäuser.

Anderseits gleitet das Boot auch durch einen Tunnel, der mit einem Sternenhimmel geschmückt ist, vorbei an Wildblumenwiesen,

durch Waldabschnitte und Seerosenfelder. Zweimal muss das Kanu auf dem Rundkurs ein kurzes Stück über Land getragen und wieder zu Wasser gelassen werden. Im Inselpark lohnt es sich, das Boot zu verlassen, um die Grünanlage ein wenig zu erkunden. Es ist am Steg der Villa Willy am Kuckucksteich in besten Händen. Das Café wird - genau wie der Biergarten Zum Anleger inzwischen - von Tochter Sofija Dreshaj geführt.

An der Villa Willy werden ebenfalls Kanus und SUP-Boards verliehen. Wem die Tour vom Ernst-August-Kanal zu lang erscheint, kann hier auf einen kürzeren Rundkurs gehen. Wem die lange Tour mit lässigen drei Stunden zu wenig erscheint, paddelt vom Ausgangspunkt noch ein wenig in den Jaffe-Davids-Kanal oder die Wilhelmsburger Dove-Elbe hinauf. Allerdings sind dabei keine Rundtouren möglich.

FAZIT: DIE WILHELMSBURGER WASSERWEGE SIND REINSTES PANTA RHEI – ALLES IST IM FLUSS. AM LIEBSTEN JEDEN SOMMER WIEDER.

Hin & weg: Mit der S3 oder 31 bis Wilhelmsburg, dann weiter mit Buslinie 13 bis Vogelhüttendeich.

Beste Zeit: Vom Osterfeuer bis zum Oktoberfest.

Dauer: 3 Std.

Ausrüstung: Leihgebühren fürs Kanu und ein Handtuch.

DER WEG NACH WESTEN

... von Billstedt nach Blankenese

#52

Zwischen den Hamburger Stadtteilen im Osten und denen im Westen liegen Welten. Liegen Parks und Kirchen, Wohnviertel und Amüsiermeilen, unbekannte Quartiere und Lieblingsorte. Und ein sehr langer Weg, der wie eine Schatzsuche funktioniert.

#derWegistdasZiel #OstWestStraße #weitwandern

Letzter Leuchtturm vor Niedersachsen: In Blankenese führt der E1 über die Elbe nach Cranz.

Hamburg ist gezeichnet mit kryptischen Symbolen. Man findet sie auf Hauswände gemalt, als Aufkleber an Laternenpfählen oder Zäunen, als Plakette an Bäumen oder in deren Rinde geritzt. Wer sich noch nie mit den Markierungen beschäftigt hat, kann sie leicht übersehen. Fernwanderern fallen sie direkt in den Blick, denn sie sind überlebenswichtig – weisen sie doch den Weg an den Atlantik und zur Ostsee, nach Santiago de Compostela oder in das Dorf Fortino, ganz im Süden von Italien. Dorthin führt der Europäische Fernwanderweg E1, der am Nordkap seinen Anfang nimmt. Oder sein Ende. Fernwanderwege sind in beide Richtungen ausgeschildert. Der E1 mit dem Andreaskreuz, einem weißen X auf schwarzem Grund.

Von den 8000 Kilometern des E1 führen 1900 Kilometer durch Deutschland, aufgeteilt in 76 Etappen. Drei davon gelten als Hamburger Etappen. Die erste liegt jedoch zur Hälfte in Schleswig-Holstein. Die dritte zum Großteil in Niedersachsen. Sie bieten sich eher für einen Wochenendausflug an. Denn in den Flächen-

In St. Georg erreicht der E1 zunächst die Außen-, dann die Binnenalster.

bundesländern sind öffentliche Verkehrsmittel rar und fahren auch selten die ganze Nacht. Das erschwert die Rückreise und verunmöglicht einen etwaigen Abbruch. Ganz anders auf der zweiten Hamburger Etappe. Sie beginnt in der Maukestraße in Billstedt und endet am Schiffsanleger von Blankenese.

Von Billstedt führt der E1 zumeist durch Grünstreifen durch Horn nach Hamm. Dabei berührt er einige Parks und die Horner Rennbahn. Vom anschließenden Stadtteil Borgfelde hat man vielleicht noch nie etwas gehört. Er ist nicht einmal einen Quadratkilometer groß. Ab Berliner Tor sind die meisten dann aber wieder im Bilde. Es geht durch St. Georg an die Außenalster. So wie einst Aale durch den Wallgraben bis zur Elbe wanderten, mäandert der E1 durch die Wallanlagen an die Landungsbrücken. Ab hier bleibt er auf seinem Lauf durch Altona, Övelgönne, Othmarschen und Nienstedten immer in Sichtweite der Elbe, bevor die Etappe nach 24,7 Kilometern in Blankenese endet.

Bei normalem Gehtempo von vier bis fünf Kilometern pro Stunde dauert die Tour bummelig sechs Stunden. Man könnte die Strecke also theoretisch an einem Feierabend runterreißen. Sollte man aber nicht. Sonst könnte man den verwunschenen Park übersehen, der es verdient, in Ruhe erkundet zu werden. Das Restaurant, aus dem es so verführerisch duftet. Das Kino, das den Lieblingsfilm spielt. Oder

Wenn's am schönsten ist, sollte man bleiben. Und den Weg an einem anderen Abend fortsetzen.

ganz etwas anderes, von dem man nicht mal ahnte, dass es existiert. Beim Fernwandern gilt es, das Hier und Jetzt zu genießen. Und den E1 läuft man dann ein anderes Mal weiter.

Spannender als sich aufs GPS zu verlassen, ist übrigens sich am Andreaskreuz zu orientieren. Das ist wie eine Schnitzeljagd für Erwachsene. Ein Spiel zwischen den Wanderern und dem Weg. Der zockt manchmal mit gezinkten Karten. Wenn etwa ein Aufkleber fehlt oder die Richtung nicht eindeutig klar wird. Daher darf man selbst auch ein bisschen schummeln, ab und zu einen Blick auf die Karte werfen oder eben doch das Smartphone zu Rate ziehen. Aber nur manchmal. Sonst verpasst man das Beste.

FAZIT: FERNWANDERN DURCH DIE STADT SCHLIEßT DIE LÜCKEN ZWISCHEN DEN BEKANNTEN BILDERN.

Hin & weg: Mit der U2 oder U4 nach Billstedt, zurück geht es mit der S1 oder S11 ab Blankenese.

Beste Zeit: April bis Dezember.

Dauer & Strecke: 6 Std. für 24,7 km oder eben etappenweise.

Ausrüstung: Die allerbequemsten Schuhe.

SONST NOCH WICHTIG

Praktisches & Nützliches

Karten mit allen Eskapaden-Standorten, ein Orte-Register, Touren-Downloads und mehr über die Autoren und ihre besten Tipps gibt es auf den folgenden Seiten.

Hamburg
Wedel
Rissen
Wedeler Au
Schenefeld
Blankenese
Düpenau
Elbe
Hahnöfer Nebenelbe
Nienstedten
Gross Flottbek
Othmarschen
Bahrenfeld
Ottensen
Elmsbüttel
Lokstedt
Groß Borstel
Eppendorf
Winterhude
Ohlsdorf
Barmbek-Nord
Barmbek-Süd
Farmsen-Berne
Rahlstedt
Stellau
Wandsbek
Wandse
Isebekkanal
Alster
Eilbek
Mittelkanal
Horn
Billstedt
Oststeinbek
Möllin
Ording
Norderelbe
Köhlfleet
Kohlbrand
Finkenwerder
Este
Waltershof
Neuenfelde
Altenwerder
Rothenburgsort
Billbrook
Wilhelmsburg
Lohbrügge
Allermöhe
Moorwettern
Scheidebach
Hausbruch
Neugraben
Fischbek
Neu Wulmstort
Heimfeld
Harburg
Süderelbe
Neuland
Ochsenwerder
Eißendorf
Wilstorf
Elstorf
Meckelfeld
Kirch-
werder
3 km
Ording
Möllin
Ziegelsee
1
5
6
7
9
19
8
13
11
38
20
17
34
25
2
10
29
22
26
52
47
51
9
39
23
12
21
50
48
23
24
25
207
255
261

Rotherbaum
Sternschanze
St. Pauli
Neustadt
Hamburg
St. Georg
Hohenfelde
Borgfelde
Hammerbrook
HafenCity
Steinwerder
Außenalster
Binnenalster
Norderelbe
Doormannsweg
Fruchtallee
Schäferkampsallee
Bellealliancestraße
Weidenallee
Eimsbütteler Straße
Altonaer Straße
Beim Schlump
Bundesstraße
Schröderstiftstraße
Bornstraße
Grindelallee
Rentzelstraße
Binderstraße
Johnsallee
Schlüterstraße
Rothenbaumchaussee
Mittelweg
Harvestehuder Weg
Badestraße
Fontenay
Warburgstraße
Alsterufer
Tiergartenstraße
Stresemannstraße
Schanzenstraße
Karolinenstraße
St. Petersburger Straße
Wohlers Allee
Bernstorffstraße
Neuer Kamp
Feldstraße
Gorch-Fock-Wall
Esplanade
Alsterglacis
Kennedybrücke
Lombardsbrücke
Gilbertstraße
Holstenstraße
Hein-Hoyer-Straße
Budapester Straße
Glacischaussee
Holstenwall
Hütten
Valentinskamp
Große Bleichen
Wexstraße
Reeperbahn
Ludwig-Erhard-Straße
Zirkusweg
Davidstraße
St. Pauli Fischmarkt
Vorsetzen
Alsterfleet
Rödingsmarkt
Domstraße
Willy-Brandt-Straße
Ballindamm
Raboisen
Mönckebergstraße
Steinstraße
Wallringtunnel
Holzdamm
Kirchenallee
Adenauerallee
Kurt-Schumacher-Allee
Münzstraße
Norderstraße
Spaldingstraße
Hammerbrookstraße
Nagelsweg
Högerdamm
Amsinckstraße
Heidenkampsweg
Zollkanal
Brooktorkai
Am Sandtorkai
Am Kaiserkai
Osakaallee
Shanghaiallee
Am Lohsepark
Überseeallee
Schleusenkanal
Oberhafenkanal
Baakenhafen
Baakenallee
Versmannstraße
Billhorner Brückenstraße
Bille
Hermann-Blohm-Straße
Ellerholzdamm
Reiherstieg
An der Alster
Lange Reihe
Steindamm
Asklepios Klinik St. Georg
Barcastraße
Graumannsweg
Mühlendamm
Lübecker Straße
Wallstraße
Bürgerweide
Borgfelder Straße
Eiffestraße
Schöne Aussicht
Hofweg
Uhlenhorster Weg
Averhoffstraße
Mundsburger Damm
Schwanenwik
Schürbeker Straße
Immenhof
Lerchenfeld
Finkenau
Wartenau
Güntherstraße
500 m

ESKAPADEN-REGISTER ...

Alle Orte mit Seitenverweisen

GPX-Download aufs Smartphone – so geht's

Voraussetzung:
Eine Outdoor-App muss installiert sein, z. B. KOMPASS, Outdooractive oder Komoot. Zum Einlesen des QR-Codes benötigen ältere Android-Geräte eine QR-Code-App. Bei neueren Android- und IOS-Geräten ist diese Funktion in der Kamera integriert.

Daten downloaden:
1. Den QR-Code einlesen oder die Webadresse im Browser eingeben, um auf die Eskapaden-Website zu gelangen.
2. Die gewünschte Tour zum Download anklicken.
3. Bei IOS-Geräten werden die GPX-Daten direkt mit der vorab installierten App verknüpft. Bei Android-Geräten muss ggf. noch ein Weiterleiten-Button geklickt werden (z. B. oben rechts im Display). Manche Apps zeigen den Tourverlauf starr an, andere haben eine Navigationsfunktion dabei.

Tourenverlauf

GPX-Daten zum kostenlosen Download
www.dumontreise.de/eskapaden/feierabend-hamburg

short.travel/471gq

NOCH MEHR FEIERABEND-SPAß ...

ISBN 978-3-616-11103-2

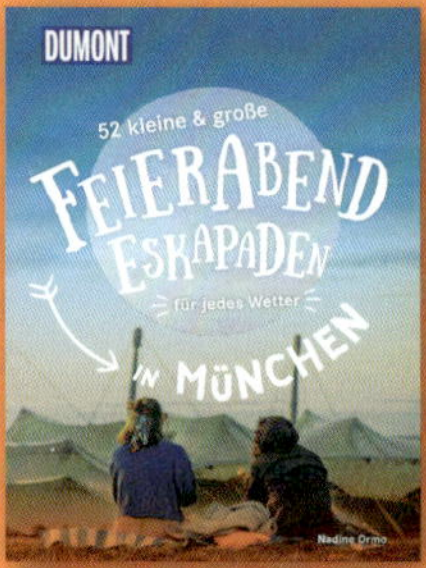

ISBN 978-3-616-11100-1

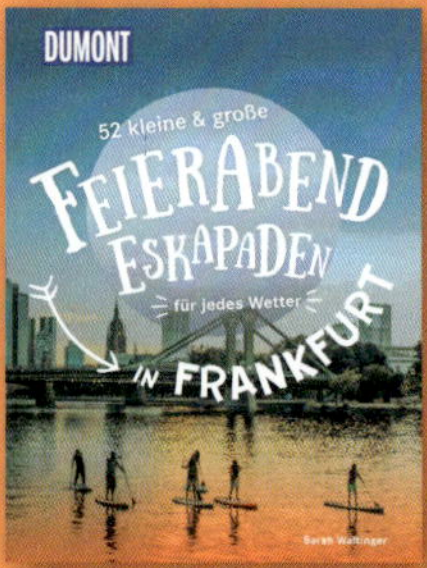

ISBN 978-3-616-11101-8

... erhalten Sie im gut sortierten Buchhandel
und unter www.dumontreise.de

IMPRESSUM

Reihenkonzept & Projektmanagement Monique Sorban

Covergestaltung Tanja Schnurpfeil, Leipzig, www.zebraluchs.de, und Carolin Weidemann, Köln, www.weidemann-design.com

Buchgestaltung & Illustrationen Carolin Weidemann, Köln, www.weidemann-design.com

Lektorat & Produktion Verlagsbüro Wais & Partner (Julia Rietsch, Kai Wieland, Bea König), Stuttgart, www.wais-und-partner.de

Text Stefanie Sohr, Hamburg, www.indernaehebleiben.de

Fotos Stefanie Sohr und Volko Lienhardt, Hamburg, www.volkolienhardt.com

Kartografie © KOMPASS, Innsbruck, unter Verwendung von Kartendaten von © OpenStreetMap-Mitwirkende, Lizenz CC-BY-SA 2.0

Hinweis Alle Informationen wurden mit größtmöglicher Sorgfalt geprüft. Infolge der Corona-Pandemie kann es allerdings zu kurzfristigen Geschäftsschließungen und anderen Änderungen vor Ort gekommen sein.

Printed in Poland

1. Auflage 2021

ISBN 978-3-616-11102-5

www.dumontreise.de

STEFANIE SOHR

VOLKO LIENHARDT

… über die Autoren

Na, nun aber mal ab nach draußen?! Kaum ein Satz konnte Stefanie in ihrer Kindheit mehr entrüsten als dieser. Aber irgendwann erwischt sie einen ja doch, die Faszination windzerzauster, stiller Landstriche und die unbändige Freude, wenn die Sonne dann doch mal einen Strand in Goldlicht taucht. Aufgewachsen an der Schlei, in der Holsteinischen Schweiz und Hamburg, holt Stefanie heute begeistert nach, was sie als Kind rundheraus ablehnte. Auf www.indernaehebleiben.de bloggt sie über Urlaubsgefühle in Hamburg, die große Freiheit von Norddeutschland und Besuche bei nordischen Nachbarn.

Volko sitzt im Kanu am liebsten hinten, auf Fähren immer an Deck und am Millerntor muss es selbstverständlich ein Stehplatz sein. Nach einigen Wanderjahren und Umwegen über London, Prag und Tokio hat er seine Heimat in Hamburg gefunden. Von hier erreicht er fast alle Lieblingsplätze mit dem Rad. Dass der Himmel über St. Pauli oft aus Grautönen besteht, ist für den Fotografen kein Wermutstropfen. Ganz im Gegenteil. Es war gerade das Licht, das Volko aus dem Schwarzwald in den Norden lockte. Die Weite der Landschaft. Und die Offenheit. Auf www.indernaehebleiben.de zeigt er, wie er den Norden sieht.

Schnell runterkommen

Eskapade #14: Gehen geht immer direkt vor der Tür los und wirkt besonders entspannend, wenn man sich auf grüne Umwege begibt, wie bei dieser Wanderung von der Schanze nach Altona.

Über den Tellerrand schauen

Eskapade #33: Ein weiter Horizont ist in Hamburg Ehrensache. Die Umweltrallye informiert über kommende Herausforderungen und was jede*r zu einer besseren Zukunft beitragen kann.

ENDLICH FEIERABEND! UND NUN?

Leute treffen

Eskapade #7: Vordergründig dient die Initiative Actice City Summer der Bewegung. Ganz nebenbei kann man beim gemeinsamen Sporteln aber auch auf entspannte Art neue Leute kennenlernen.

Ruhe finden

Eskapade #19: So wie Alice durch den Kaninchenbau ins Wunderland gelangte, finden Ruhesuchende zum Garten der Alma de l'Aigle in Eppendorf.

Raus aus der Komfortzone

Eskapade #52: Hamburg hat so wunderbare Ecken, dass man sich in »seiner« gern häuslich einrichtet. Wer die Stadt einmal von Osten nach Westen durchstreift, staunt über die ganze Vielfalt.